Von Seefahrt, Seeräubern und Schiffswracks

Von Seefahrt, Seeräubern und Schiffswracks

an der deutschen Nordseeküste

Herausgegeben von
Jürgen Newig und Hans Theede
Edition Ellert & Richter

Inhalt

Die große Zeit der Segelschiffe: Handelsschiffahrt und Walfang

Karl-Heinz Wiechers

Die Nordsee, ein Nebenmeer des Atlantiks, war in den vergangenen Jahrtausenden für die Handelsschiffahrt und den Fischfang alles andere als ein Nebengewässer.

Frühe Seewege in der Nordsee sind bereits für die Zeit um 2000 v. Chr., von Schelde und Rhein ausgehend, entlang der niederländischen und deutschen Küste zur Weser und Elbe, nach Helgoland und der Westküste Schleswig-Holsteins belegt. So wurde schon damals die Nordsee zur Verbindungsstraße zwischen West und Ost.

Erstaunlich ist dabei, daß die Schiffe trotz ihrer geringen Größe offenbar beeindruckende Entfernungen überwunden haben. Seit den wissenschaftlichen Ausgrabungen in Anrainerländern der Nordsee steht außer Zweifel, daß die Seefahrt nicht erst, wie etwa nach Berichten römischer Historiker zu vermuten wäre, mit den Einbäumen der germanischen Bataver und Chauken begann. An ihrer Entwicklung waren vielmehr sämtliche an die Nordsee grenzenden Länder beteiligt. Die Philologie hat nachweisen können, daß es in allen germanischen Völkern gemeinsame germanische, die See betreffende Begriffe gibt. Genannt seien hier nur die Wörter See, Haff, Hafen, Flut sowie Sturm, Klippe und Strand. Aus dem Lateinischen stammen dagegen nur wenige Ausdrücke.

Gegenüberliegende Seite: Die ORMEN FRISKE, der Nachbau eines Wikingerschiffs, ging am 22. Juni 1950 mit 15 schwedischen Sportlern an Bord vor Helgoland unter. Die gezeigte Grabstele befindet sich auf dem Friedhof bei der Alten Kirche auf Pellworm.

Die Nordsee als Handelsweg im Mittelalter

In die Nordsee – die Lateiner nannten sie den Oceanus Germanicus, das Mare Germanicum oder gar Mare Frisicum – drangen die Römer um Christi Geburt mit ihren Schiffen entlang den friesischen Küsten vor.

Zur Brücke wurde die Nordsee für Angeln, Jüten und Sachsen, als diese während der Völkerwande-

·Ormen Friske·
·Schweden·
gestrandet am 22.6.1950
15 junge Sportler fanden den Tod

rungszeit um 450 unter ihren sagenhaften Führern Hengist und Horsa in Richtung England aufbrachen. Nach Emmius, dem friesischen Geschichtsschreiber, waren auch die Friesen daran beteiligt. Gestützt wird diese Vermutung dadurch, daß das Friesische von allen germanischen Sprachen dem Englischen am meisten verwandt ist.

Zur Zeit Karls des Großen galten die Friesen als tüchtige Seeleute, die Reisen nach Island sowie nach Spanien und ins Mittelmeer unternahmen. Friesische Kaufleute, Träger von Handelsbeziehungen zwischen Ostseeländern und den Niederlanden, sind seit der Spätantike bezeugt. Friesen errichteten an vielen Stellen ihre Stützpunkte und ermöglichten so die Verbindungen vom Rhein bis England und vor allem nach Schleswig, von dort in den Ostseeraum bis Birka (Schweden), Nowgorod und in den byzantinischen Bereich. Ihr Handelsgut bestand aus flandrischen und friesischen Tuchen, Metallgegenständen (Schwertern) und Wein, aus Waren also, die sie vor allem gegen Pelze, Gewürze und Seide tauschten.

Runenstein aus der Wikinger-Zeit mit der Inschrift „Haithabu“. Haithabu bei Schleswig war ein bedeutender Umschlaghafen zwischen Nord- und Ostsee bis zur Mitte des 11. Jahrhunderts.

Unsere Nordseeküste ist aufs engste mit den Normannen – oder Wikingern – Skandinaviens und Dänemarks verbunden, die sich vom 8. bis zum 11. Jahrhundert als Entdecker und Staatengründer an allen europäischen Küsten einfanden. Ihre bei einer geringen Größe sehr seetüchtigen Schiffe wiesen eine Länge von etwa 25 Metern auf. Sie waren mit Mast und Rahsegel sowie mit einem Steuerriemen an der rechten hinteren Bordseite und je einer Ruderreihe auf beiden Seiten versehen. Im deutschen Teil des Frankenreiches eroberten die Wikinger mit diesen Schiffen im 9. Jahrhundert viele Küstenplätze und drangen die Flüsse aufwärts sogar bis zur Mosel vor. 845 überfielen sie in einem Flottenverband Hamburg – mit ver-

hängnisvollen Folgen für sein Weiterbestehen als kirchliches Zentrum. Zu Ostfriesland berichten der Chronist Adam von Bremen und die Fuldaer Annalen von einem Sieg der Friesen über die Normannen um 884/85 bei „Norditi“ im Norderland.
Auch an den mittelalterlichen Pilgerfahrten zum Heiligen Land von den friesischen Küsten aus waren die Gebiete an der Nordsee in nicht geringem Maße beteiligt. 1147 nahmen viele Niederdeutsche an der Kreuzfahrt teil und waren u. a. an der Eroberung der damals noch in maurischem Besitz befindlichen Stadt Lissabon beteiligt, die von da an zum südlichen Endpunkt der friesischen Handelsschiffahrt wurde.
Zu den bekanntesten Kreuzzugsfahrten von der Nordseeküste aus zählen die von 1217 und 1227. Funde von Münzen des Kalifen Abu Jusuf Jacub (Regierungszeit von 1213 bis 1223) belegen die Teilnahme der Friesen: Eine Goldmünze fand man 1854 auf dem ehemaligen Burggelände in Norden, eine andere 1856 im westfriesischen Sneek. Für den 22. Mai 1227 ist überliefert, daß eine beträchtliche Anzahl von Koggen vor Borkum lag und von dort absegelte.

Die Schiffahrt zur Zeit der Hanse

Mit der Hanse begann die große Zeit friedlichen Handels über See. Wenn vorher die Schiffahrt in der Nordsee, von Ausnahmen abgesehen, weitgehend Küstenschiffahrt gewesen war, so entwickelte sie sich jetzt zur Seeschiffahrt.
Die Entstehung der Hanse fällt ins 12. Jahrhundert. Sie bestand aus einem Bund von deutschen Handelsstädten, u. a. an Nord- und Ostsee. Der formelle Zusammenschluß als „dudesche hanse“

erfolgte allerdings erst 1356. Deutsche Kaufleute wollten ihre Handelsinteressen weitgehend absichern, natürlich auch im Ausland, und schlossen sich zu diesem Zweck zusammen. Mitte des 14. Jahrhunderts zählte man bereits über 3000 Städte, die untereinander oder mit ausländischen Städten Handel trieben.

Wenngleich der Ostsee und mit ihr Lübeck der Ehrenplatz als der Geburtsstätte der Hanse zukommt, konnte man Hamburg und Bremen bald ebenfalls eine zentrale Bedeutung zumessen. Denn bereits 1226 hatte Heinrich III. von England Hamburg das Recht zur Gründung einer eigenen Hanse erteilt.

Da der Pelzimport aus Rußland in den niederländischen Raum und der Export dortiger Handelsgüter nach Rußland eine überragende Rolle spielten, wuchs der Seeverkehr in Nord- und Ostsee stark an. Der Weg führte vom Westen durch die Eider und Treene nach Schleswig und weiter über die Ostsee. Diese Route war für Hamburg jedoch nicht von Vorteil. Erst als Lübeck später den Verkehr über Elbe und Trave bevorzugte, profitierte auch Hamburg davon und erlebte einen großen Aufschwung. Und da Skagen, die Nordspitze Jütlands, für die Seefahrer noch lange eine Gefahrenquelle blieb und die Lübecker ihre Waren lieber auf dem Landweg nach Hamburg sandten, von wo sie nach Holland oder England verschifft wurden, gewann Hamburg im Nordseehandel eine äußerst gewichtige Stellung.

In der Hauptsache führte Hamburg das in der Stadt gebraute Bier und Korn aus, das die Kaufleute aus der Umgebung bezogen. Außerdem gehörten Holz, Leinwand, Tuch, Eisen, Kupfer und Heringe zu den Exportgütern, die, obwohl im Hamburgischen Pfundzollbuch keine Zielorte

Gegenüberliegende Seite: Die Kogge UBENA VON BREMEN, ein originalgetreuer Nachbau der Bremer Hanse-Kogge, die man 1962 im Weserschlick entdeckte, beim Einlaufen in den Hafen von Accumersiel 1994.

genannt sind, offenbar für niedersächsische und friesische Häfen bestimmt waren.
Im Westen reichte der Hamburger und Bremer Handel bis Brügge, der Stadt am Swin, die sich im 14. Jahrhundert zum Handelszentrum Europas entwickelte. Hamburg richtete als erste Stadt in Ostkerke an der Westseite des Swin bei Damme ein Kontor ein. Der Weg nach Brügge führte teils „binnen dunen", teils „buten dunen", übers Watt also oder über die offene See, über Routen, die bis ins 19. Jahrhundert genutzt wurden.
Bremen ist als einzige deutsche Stadt an der Nordsee neben Hamburg im flämischen Schiffahrtsreglement von 1350 für den Brüggeverkehr genannt und besaß ebenfalls ein Kontor am Swin.
Eine Ausdehnung der Hanse nach Norden bewirkte 1350 die Gründung des deutschen Kontors zu Bergen, mit der die Hanse auch den Stockfischhandel an sich zog. Die Verbindungen reichten nun vom Finnischen Meerbusen bis Brügge und im Norden bis Bergen.
Die Zerrissenheit des Städtebundes, vor allem der Streit zwischen Lübeck und Danzig um die Beziehungen zu England und Holland, führte – neben anderen Gründen – am Anfang des 16. Jahrhunderts zum allgemeinen Niedergang der Hanse, in dessen Verlauf nahezu alle Kontore geschlossen wurden.

Überseeschiffahrt im 18. und 19. Jahrhundert

Im 17. Jahrhundert stand die Schiffahrt an der deutschen Nordseeküste im Schatten Hollands. Die Niederlande wuchsen damals zur Weltmacht heran, und ihre Schiffe beherrschten die Meere. Die Nordsee war Beginn und Ziel der weltweiten Reisen ihrer großen Kompanieschiffe, während

die kleineren Fahrzeuge verschiedenen Typs die Nordsee und ihre Watten bis zur Elbmündung befuhren. Gegen Ende des 17. Jahrhunderts schaltete Englands Seemacht die Niederlande in ihrer Seegeltung weitgehend aus und blieb über Jahrhunderte führend im Welthandel.
Im Zusammenhang mit der großen Weltpolitik gewannen die deutschen Nordseehäfen Hamburg, Bremen und Emden zu verschiedenen Zeiten hohe Bedeutung.
Hamburg spielte seit dem 13. Jahrhundert als Reichsstadt, als Hafen- und Umschlagplatz eine wichtige Rolle. Die Stellung, die Hamburg in der deutschen Hanse als Drehscheibe zwischen der Nordsee und Lübeck einnahm, behielt es auch nach dem Ende der Gilde bis in unsere Zeit.
Der weltweite Handel seit dem ausgehenden 18. Jahrhundert machte diese Stadt – man denke nur an die HAPAG, die 1847 gegründete älteste deutsche Schiffahrtsgesellschaft – zur führenden deutschen Seehandels-, seit etwa 1860 zur Welthandelsstadt und nach Berlin zur zweitgrößten deutschen Stadt überhaupt.
Bremen nahm nach Hamburg als Nordseehafen die bedeutendste Stellung ein. Das Rathaus, der Roland und der Schütting, das Haus der Kaufleute, sind noch heute Zeugen einer großen Zeit. Durch die Gründung Bremerhavens erfuhr die Hansestadt als Auswanderer-, aber auch als Handelshafen einen mächtigen Aufschwung.
Emden hat lediglich episodenhaft eine überragende Rolle gespielt. Das war zunächst in der zweiten Hälfte des 16. Jahrhunderts der Fall, als diese Stadt dank der Zuwanderung von Asylsuchenden aus Flandern und Holland während des Freiheitskampfes der Niederlande zu einer der größten Reedereistädte Europas und in England

sogar zum Sinnbild für Macht und Reichtum wurde. 1564 hatte Emden mit 137 Sunddurchfahrten alle norddeutschen Städte übertroffen, 1570 überstieg der Schiffsbestand aller ostfriesischen Häfen den des ganzen Königreichs England, und 1574 übertraf die Zahl der ostfriesischen Sundfahrer (einschließlich der Emder) mit 807 Schiffen sogar alle wendischen (589) und nordwestdeutschen Städte (139) zusammen.

Aber schon um 1600 erlosch nach dem Zusammenbruch der spanischen Militärherrschaft in den Niederlanden diese überragende Bedeutung. 1682 erwuchs Emden nochmals eine große Chance, als der Große Kurfürst durch Vermittlung des Reichsfreiherrn Dodo zu Inn- und Knyphausen auf Lütetsburg Emden in seinen Besitz nahm und den Sitz der kurbrandenburgischen Flotte von Pillau nach Emden verlegte. Von dort segelten Schiffe der Brandenburgisch-Afrikanischen Compagnie nach Westafrika und Westindien. Aber auch diese Glanzzeit der Schiffahrt stand bereits im letzten Jahrzehnt des 17. Jahrhunderts vor ihrem Niedergang.

Schließlich fällt in die Zeit nach dem Tode des letzten ostfriesischen Fürsten Carl Edzard nochmals ein in der Seefahrtsgeschichte bemerkenswertes Ereignis: 1744, nachdem Friedrich der Große Ostfriesland in Besitz genommen hatte und 1750/51 die Preußisch-Asiatische Compagnie gegründet worden war, segelten als erste deutsche Fregatten die „König von Preußen“, die „Burg von Emden“, die „Prinz Ferdinand“ und die „Prinz von Preußen“ nach Kanton in China, um von dort große Mengen an Tee, Porzellan, Seidentüchern und Gewürzen nach Emden zu bringen. Doch auch diese Unternehmung fand ein rasches Ende, diesmal wegen des Siebenjährigen Krieges.

Oben: Reede von Amsterdam. Im Hintergrund ein Ostindienfahrer, im Vordergrund kleine Fahrzeuge für den Nahverkehr bzw. Fischfang
Rechts: Die KÖNIG VON PREUSSEN der Preußisch-Asiatischen Compagnie, die 1752 als erstes deutsches Schiff nach Kanton in China segelte

Selbst Emdens letzte Blüte um die Wende zum 19. Jahrhundert war nur von kurzer Dauer. Sie war dadurch bedingt, daß die Engländer die holländischen Häfen sperrten und ab 1803 auch Elbe und Weser. Somit bot nur noch die Ems freien Zugang zur Nordsee. Als 1806 die Holländer Ostfriesland besetzten – Louis Bonaparte, ein Bruder Napoleons, war damals ihr Herrscher –, fand die florierende Schiffahrt wegen der französischen Kontinentalsperre gegen die Engländer mit einem Schlage ihr Ende.

Die Zeit der Großsegler

Eine wahrhaft große Zeit der deutschen Handelsschiffahrt unter Segeln sehen wir im 19. Jahrhundert. Große Erfolge im Bau von Schiffskörpern und in der Gestaltung der Takelage, die trotz mancher aus dem 15./16. Jahrhundert stammenden Erkenntnisse erst späte Umsetzung erfuhren, kennzeichnen dieses Jahrhundert.
Selbst wenn die „Savannah“ schon 1819 als erstes Dampfschiff den Atlantik in sechzehn Tagen überquerte, blieben die großen Segler, die mittlerweile ihre vollkommene Ausprägung erhalten hatten, hervorragende Handelsfahrzeuge. Diese mächtigen Schiffe waren den Dampfern insofern überlegen, als jene für die überseeischen Reisen riesige Mengen an Kohlen mitzunehmen hatten und ihnen dadurch wichtiger Laderaum verlorenging. Während die 1200 bis 1500 tons (1 ton = 2,83 Kubikmeter) großen Ostindienfahrer um 1800 vierzig bis fünfzig Meter lang waren und elf bis dreizehn Meter breit sowie eine Höhe von fünf Metern im Laderaum aufwiesen und für eine Reise in den Fernen Osten 18 Monate benötigten, kamen ab 1837 die wesentlich schnelleren

Blackwall-Fregatten mit schärferen Linien auf. Bereits ab 1812 wurde der Typ des Schoners gebaut, bald Baltimore-Klipper genannt, der damals der schnellste rahgetakelte Segler der Welt war. Er hatte schräge Vor- und Achtersteven und eine Aufkimmung, die sich aus dem V-förmigen Unterwasserschnitt ergab. Für eine Reise etwa nach Java benötigte er knapp vier Monate.
1838 wurden dann die ersten Segler aus Eisen konstruiert. Sie waren schmaler und länger als die Segelschiffe aus Holz, erreichten nach 1870 Größen bis zu 2000 tons und brauchten noch weniger Zeit. Bis zu 3000 tons ließen sie sich vergrößern, als dünnere Stahlplatten – anstelle des Eisens – zum Bau verwendet wurden. Gerade deutsche Reeder gaben neben französischen einige sehr große Segler in Auftrag. Dazu gehörte der Fünfmaster „Maria Rickmers" (3822 tons), 1891 für die Rickmers-Reismühlen-Reederei & Schiffbau A. G., Bremerhaven, in Port Glasgow gebaut. Sie war mit ihren 115 Meter Länge und 14,5 Meter Breite für den Reistransport aus Fernost nach Deutschland bestimmt. R. F. Laeisz aus Hamburg baute dann die nächste deutsche stählerne Fünfmastbark, die „Potosi", 112 Meter lang, 15 Meter breit – und das erstmals auf einer deutschen Werft, nämlich bei der J. C. Tecklenborg A. G. in Geestemünde. Dieses Schiff brachte bis 1914 Salpeter aus Chile nach Deutschland. Die Salpeterfahrt bildete einen der letzten Einsatzbereiche der großen Segler. Die „Potosi" blieb während der Kriegsjahre in Valparaiso und mußte 1918 als Reparationszahlung an Frankreich übergeben werden.
Die „Preußen" war der vierte deutsche Fünfmaster und das einzige Fünfmast-Vollschiff der Welt, 1902 ebenfalls bei Tecklenborg in Geestemünde

Gegenüberliegende Seite: Die RICKMER RICKMERS wurde 1886 in Bremerhaven als Vollschiff erbaut und kam nach fast 100jährigem wechselhaftem Schicksal als Museumsschiff nach Hamburg, wo sie heute als einer der letzten erhaltenen Großsegler der Kauffahrtei auf der Elbe zu besichtigen ist. Das Schiff ist beachtliche 80 Meter lang und hat sechs Meter Tiefgang.

gebaut. Sie wies ein Gesamtgewicht von 11 150 tons auf, konnte 8000 tons Ladung tragen und war ein exzellenter Segler. Als Auftraggeber dieses 147 Meter langen, 16,4 Meter breiten Schiffes mit einem Tiefgang von 8,3 Metern ist abermals R. F. Laeisz genannt. 1906 baute Rickmers in Bremerhaven die Fünfmastbark „R. C. Rickmers" mit 5548 tons, 125 Meter lang, 17 Meter breit. Sie entwickelte sich hinsichtlich der Menge der transportierten Lasten zum erfolgreichsten europäischen Fünfmaster, wurde allerdings 1914 in England requiriert.

Von den sieben europäischen Fünfmastern stammten allein vier aus Deutschland, zwei aus Frankreich und einer aus Dänemark. Die großen Hamburger Reedereien, allen voran die Reederei Sloman mit ihren Fregatten, Vollschiffen und Barken, in der Mitte des 19. Jahrhunderts vornehmlich in der Auswandererfahrt tätig, und die Reederei F. Laeisz mit ihren berühmten P-Linern, die hauptsächlich in der Salpeterfahrt nach Chile eingesetzt wurden, trugen den Namen Hamburgs in alle Welt.

Jedoch nicht nur die riesigen Segler, auch die Viermast- und Dreimastbarken, Briggs und Schoner unternahmen weite Reisen und machten noch lange den Dampfern das Feld streitig.

Bremen blieb durch die Jahrhunderte zweitgrößter deutscher Seehafen, zusammen mit dem 1827 auf Betreiben des Bremer Bürgermeisters Smidt gegründeten Bremerhaven. Der Ruf Bremens und Bremerhavens als Auswandererhäfen breitete sich, obwohl Auswanderungen ab Bremen bereits seit 1683 stattfanden, ab 1830 in alle Welt aus. Allein in die USA wanderten bis zum Anfang des 20. Jahrhunderts elf Millionen Deutsche aus, deren weitaus größter Teil in Bremerhaven und

RICKMER RICKMERS

Gegenüberliegende Seite: Die 1911 bei Blohm + Voss in Hamburg erbaute Viermastbark PASSAT der Reederei Laeisz im Hafen von Delfzijl. Im Vordergrund am Kai ihr Kapitän Eilert Davids Müller aus Neuefehn. Foto um 1928

Hamburg an Bord gegangen war. Der 1895 eröffnete Kaiser-Wilhelm-Kanal, der heutige Nord-Ostsee-Kanal, erleichterte die Verbindung zwischen Nord- und Ostsee erheblich. Mit ihm wurde nicht nur ein Traum aller Seefahrer wahr, sondern der Warenaustausch zwischen Ost und West verstärkte sich dadurch auch beträchtlich. Zahlreiche Werften an der Weser, sowohl im bremischen, hannoverschen als auch im oldenburgischen Bereich, erzielten im Schiffbau erstaunliche Leistungen. Brake und Elsfleth erlebten erst im 19. Jahrhundert einen stürmischen Aufschwung und wurden zu bedeutenden Schiffahrtshäfen. Zwischen Klippkanne und Motzen lag z. B. ein Werftplatz neben dem anderen, zwanzig waren es auf einem Uferstreifen von nur zehn Meilen (eine Seemeile = 1852 Meter) Länge. Um 1870 kamen Brake und Elsfleth mit 280 Segelschiffen sogar an den Schiffsbestand Bremens heran. Auch die Leistungen im Schiffbau an der schleswig-holsteinischen Küste, an der Eider und in Husum, bedürfen in diesem Zusammenhang der Erwähnung.

Die Bestandszahlen für das kleine Ostfriesland mit den Emshäfen einschließlich Papenburgs, den Sielhäfen, Inseln und Fehnorten sind geradezu überwältigend. Nach einer Übersicht des Nautischen Vereins in Bremen über die deutschen Kauffahrteischiffe von 1869 umfaßte die ostfriesische Flotte 650 Schiffe mit 81 394 Tonnen (zu 2000 Pfund). In der „Hansa" heißt es (1872, S. 60 f): „Namentlich sind die Elb- und Weserufer, Dank der Anregung von Hamburg und Bremen und vor Allen das seegewohnte Ostfriesland mit seinen Fehncolonien dicht bestanden mit unzähligen Rhedereiplätzen. Wir finden an der Nordsee fast drei mal so viel Plätze als an der Ostsee." Auch

der Bau von kleinen Schiffen auf den Fehnen, in den Sielorten und an der Ems bleibt angesichts der oft nur kleinen Helgen bewundernswert. Die hier gezimmerten Schiffe haben europaweite Reisen, verschiedentlich sogar transatlantische, durchgeführt. Diesem Umstand ist in der überregionalen Schiffahrtsgeschichte bisher kaum Rechnung getragen worden. Es bleibt festzuhalten, daß die vielen kleinen Fahrzeuge aus den teilweise winzigen Häfen an der nord- und ostfriesischen Küste in erheblichem Maße zum reichen Warenaustausch zwischen den großen Seestädten und zu deren Binnenhandel nicht nur im Nahverkehr entscheidend beigetragen haben.
Noch heute findet man in Häusern an der Küste oder auf den Inseln Zeugnisse aus dem kulturellen Umfeld der Seefahrer. Sie schmückten ihre Häuser mit „Kapitänsbildern", den Porträts ihrer Schiffe, sowie mit deren Modellen und Mitbringseln aus aller Welt. Ihren Kirchen schenkten sie häufig Votivschiffe, und selbst auf ihren Grabsteinen durfte ihr Schiff nicht fehlen.
Vielerorts bemühen Liebhaber der Seefahrt sich heute, die Erinnerung an die Zeit der Segelschiffahrt wachzuhalten, indem sie liebevoll alte Schiffstypen restaurieren, Museumshäfen anlegen, wie in Övelgönne (Hamburg), oder Windjammerparaden und Oldtimertreffen veranstalten. Dahinter verbirgt sich mehr als wehmütige romantische Erinnerung und Verklärung, es ist offenbar das tiefe Gespür für die Großartigkeit des natürlichen Zusammenwirkens von Wind, Wellen und der Schöpfung des Menschen, dem Segelschiff.

Auf Walfang: die Grönlandfahrt

Im Bereich des Fischfangs, der offenbar zu allen Zeiten von Menschen an der Nordsee betrieben wurde, nimmt der Walfang mit der Grönlandfahrt eine besondere Stellung ein. Hamburg, Emden, Glückstadt sowie Föhr, Sylt, Amrum und Borkum sind in diesem Zusammenhang zu nennen. Grabsteine auf den Friedhöfen um die massiven Kirchen auf Föhr und Amrum erzählen noch heute von den Schicksalen ehemaliger Kommandeure von Walfangschiffen. Bittere Armut in der Heimat und ein außergewöhnlich guter Verdienst auf dem Meer veranlaßten die Seefahrer, sich für die sogenannte Grönlandfahrt zu entscheiden, die härteste, gefahrvolle Arbeit und manchmal Tod bedeutete.
Willem Barendz von der niederländischen Insel Terschelling hatte 1596 eine Insel entdeckt, der er den Namen Bäreninsel gab und von der er glaubte, daß sie zu Grönland gehöre. Von dieser falschen Annahme her rühren die Bezeichnungen „Grönlandreisen", obgleich die See zwischen Jan Mayen, der Bäreninsel und Spitzbergen, erst später die Davis-Straße genannt, gemeint war.
Wie solche Fahrten und die damit verbundenen Gefahren empfunden wurden, verdeutlicht eine schlichte Kirchenbucheintragung von 1747 in Dornum. Dort vermerkt der damalige Pastor, daß er zu einer Leichenpredigt für einen Seefahrer, der „etliche Mahl nach Grönland gewesen", als Predigttext Hiob 7, Vers 9 gewählt habe: „Eine Wolke vergeht und fähret dahin: also, wer in die Hölle hinunterfährt, kommt nicht wieder herauf."
Die Kälte, in der man arbeiten mußte, die ständige Gefahr, in der sich Schiff und Mannschaft wegen des unberechenbar treibenden Eises und

wegen häufigen Nebels befanden, in dem eine Orientierung unmöglich war, sowie die Tatsache, daß Segel oft kaum zu bergen oder zu setzen waren, weil der Frost sie und die Takelage hart und steif gemacht hatte; dann der gefährliche Kampf aus kleinen Booten mit dem harpunierten Wal: all diese Umstände ließen die Reisen gen Norden ins Eismeer als Höllenfahrten erscheinen. Dagegen stand allerdings das spannende Jagderlebnis als solches, nachdem der Ruf „Fall! Fall öwerall!“durch die Schiffe gehallt war.
Überall in Europa bestand damals großer Bedarf an Fetten und Ölen, vor allem für Lampen, Kerzen und Seife. Die Niederländer begannen früh – 1612 – mit dem Walfang. Bald besetzten sie ihre Schiffe mit Insulanern von den westfriesischen Inseln, aber auch von Borkum sowie Föhr und anderen nordfriesischen Eilanden. Bis 1642 existierte im Walfang ein Monopol der Holländer, Engländer und Dänen. Nach dessen Ende war die Jagd auf den Wal für alle frei. Als eine der ersten deutschen Seestädte nutzte Emden diese Situation. Bereits 1643 segelten zwei Schiffe von Emden aus ins Nördliche Eismeer. Nach beachtlichem Erfolg gründeten siebzig Emder Kaufleute die erste Grönländische Kompanie. Eine weitere, die „Groenlaentse Compagnie“, folgte nach dem Ende des Dreißigjährigen Krieges. Die Kommandeure kamen aus Leer und von Borkum, später vereinzelt auch aus an der Küste gelegenen Orten.
Hamburg begann mit der Grönlandfahrt in der zweiten Hälfte des 17. Jahrhunderts mit zum Teil riesigen Erfolgen. Die Walfangflotte umfaßte 50 bis 60 Schiffe und bot 2000 Seeleuten Arbeit und Brot. Altona schloß sich um 1685 an. Ein deutliches Aufblühen zeigte sich ab 1767. Kommandeure und Mannschaften kamen aus allen Teilen

Gegenüberliegende Seite: Walfänger De Unie von Emden.
Im Hintergrund die Fleute De Catharina. Dieser Schiffstyp war viermal so lang wie breit und verfügte über einen sehr geringen Tiefgang. Im Vordergrund erkennt man ein mit ED (= Emden) gekennzeichnetes Fangboot.
Öl, J. G. de Jager, Emden 1776 (Ausschnitt)

Walfangflotte in Amsterdam
Gouache um 1750, o. Sign.

Schleswig-Holsteins, vornehmlich von Föhr, Sylt, Amrum, den Halligen und aus den Elbmarschen. Noch im 18. Jahrhundert fuhr allerdings ein Großteil von ihnen auf Amsterdamer Schiffen. Während 1671 die Hamburger 56 Walfänger in See hatten, brachten es die Holländer auf 133. Zu Anfang des 19. Jahrhunderts hatte für einige Jahre Bremen eine führende Position inne, während Hamburg sich kaum noch beteiligte.
Durch den außergewöhnlich guten Verdienst stellte sich auf den Inseln – von denen ein Gutteil der Seefahrer ja stammte – bald ein beträchtlicher Wohlstand ein, aber unter welchen Bedingungen! Wie oft warteten die Familienangehörigen auf die Rückkehr ihrer Männer vergeblich! Nicht selten drohte ihnen noch nach glücklicher Heimkehr mit den Walfangschiffen Gefahr, wenn sie auf kleinen Fahrzeugen die letzte Wegstrecke zurückzulegen hatten. Noch auf dem Weg von Amsterdam oder Hamburg nach Hause sind viele Grönlandfahrer in Stürmen umgekommen. So ging 1744 eine von Hamburg kommende Schmack, ein kleines Seeschiff, mit siebzig Walfängern kurz vor den nordfriesischen Heimatinseln unter. Tote Seeleute trieben auf dem Amrumer Kniepsand an.
Die Schilderung der abenteuerlichen Reise des Borkumer Kapitäns Jacob Janssen mit dem Hamburger Schiff „Die Frau Elisabeth“ vom Jahre 1769, als das Schiff im Eismeer festsaß und die Besatzung dort überwintern mußte, wurde 1770 in Hamburg gedruckt. Sie bewegte damals offenbar die Gemüter allenthalben, denn noch im selben Jahr erschien der Bericht in holländischer Sprache in Haarlem.
„Die Frau Elisabeth“ war eine Fleute, ein Schiffstyp, der 1595 zuerst in Hoorn gebaut wurde. Solche Schiffe nannte man damals Hoornsche Gain-

Kleine Schnupftabakdose aus Walknochen

Sogenannte Kapitänstasse mit stilisiertem Toppsegelschoner des Kapitäns F. J. Dröst

gen oder Fluiten. Sie waren viermal so lang wie breit, von nur geringem Tiefgang, besaßen ein Spiegelheck oder waren achtern rund. Sie faßten 150 bis 170 Lasten (eine Last = 1,5 tons), wurden überall sehr begehrt und schließlich auch in Hamburg auf der Reiherstiegswerft gebaut. Als weitere für den Walfang geeignete Schiffstypen kamen zum Einsatz: die etwa 70 Commerzlasten (eine Commerzlast = 3 tons) großen Schnauen (wie Briggen getakelt, nur mit zusätzlich einem ein Gaffelsegel tragenden Schnaumast unmittelbar hinter dem Besan), Fregatten (Dreimaster), Briggen und Brigantinen. Vor Ort benutzte man daneben Schaluppen als Fangboote.
Gebaut wurden diese Schiffe außer in Holland in Hamburg, Altona, Glückstadt, Övelgönne, Itzehoe, Beidenfleth sowie Brunsbüttel, Elmshorn, Husum, Friedrichstadt, Tönning und Uetersen. Für alle diese Orte wirkte sich der Walfang wirtschaftlich positiv aus, weil Schiffbauer, Reepschläger, Segelmacher und andere Zulieferbetriebe davon profitierten.
Wegen der zum Teil großen Gewinne haben auch kleine Städte in Schleswig-Holstein versucht, Kompanien für den Walfang zu gründen. Diese Kompanien bestanden jedoch, von Glückstadt abgesehen, nur für kurze Zeit.
Wo so weitreichende Unternehmungen die Wirtschaft eines Landes bestimmten, durften auch die Voraussetzungen dafür nicht fehlen: die Seefahrtschulen, welche die Seefahrer in die Lage versetzten, große Schiffe auf solch weiten und gefahrvollen Reisen zu führen. Zunächst hatten Pastoren, Lehrer und Kommandeure während der Winterzeit Navigationsunterricht auf privater Basis erteilt. Hamburg hatte schon 1749 unter dem Navigationslehrer Hiddinga eine Seefahrtschule

gegründet. 1782 folgte Emden, 1796 Föhr und kurz danach Sylt. Die Föhrer Navigationsschule wurde jedoch bald nach Tönning verlegt.
Als in den englisch-französischen Krieg 1780 auch die Niederlande hineingezogen wurden, erhielt der Borkumer Walfang einen Schlag, von dem er sich nie wieder erholen sollte. Für die anderen Walfangorte trug die Überfischung der grönländischen Gewässer zum Niedergang des Walfangs bei. 1872 liefen die letzten Grönlandfahrer von der Weser aus.
Heute denken wir kritischer über den Walfang als die Männer von damals. Im 17. und 18. Jahrhundert lockten Abenteuer und Reichtum die Seefahrer, die geradezu vom Fieber ergriffen wurden, wie später die Goldgräber und Diamantensucher. Vornehmlich gehorchten sie jedoch der Not. Es steht uns heutigen, um ökologische Probleme wissenden Menschen sehr wohl an, nachdenklicher zu werden, nicht aber, jene Männer von damals zu verurteilen.

Historische Schiffahrt und Schiffswracks

Detlev Ellmers

„Nordsee ist Mordsee!“ Diesen schlechten Ruf hat die Nordsee nicht umsonst und bestätigt ihn immer wieder. Die Widerspenstigkeit der Nordsee läßt sich nicht zuletzt anhand der Geschichte von Schiffsunglücken und Schiffswracks ablesen.

Hinweise auf Römer und Germanen

Das „Mörderische“ bekamen schon vor ca. 2000 Jahren die Römer zu spüren, als sie einen Teil ihrer Truppen nach dem Feldzug gegen die Germanen im Herbst des Jahres 15 n. Chr. von der Emsmündung aus zu Schiff in die Quartiere am Rhein zurückverlegen wollten. Der Geschichtsschreiber Tacitus hat uns einen spannenden Bericht überliefert: „Der Sturm packte die Schiffe, warf sie hierhin und dorthin und trieb sie in den offenen Ozean oder auf die Inseln zu, die durch steile Felsen oder verborgene Untiefen gefährlich waren. Nur mit knapper Not gelang es, aus ihrem Bereich zu entkommen. Als dann der Ebbstrom einsetzte und in gleiche Richtung wie der Sturm zog, konnten sich die Schiffe nicht vor Anker halten. Auch war es unmöglich, die über Deck stürzenden Wassermassen auszuschöpfen. Pferde, Zugtiere, Gepäck, selbst Waffen warf man über Bord, um die Schiffe zu erleichtern, während das Wasser durch die Planken drang und die Wellen über Bord schlugen... Ein Teil der Schiffe ging unter; die Mehrzahl wurde auf weit entfernten Inseln ans Land geworfen. Die Soldaten wurden dort, wo es keine menschlichen Ansiedlungen gab, eine Beute des Hungers, falls nicht einzelne durch Kadaver von Pferden, die gleichfalls angetrieben waren, ihr Leben fristeten. Nur die Galeere des Feldherrn Germanicus trieb ans Ufer der Chauken.“

Von dem Wrack einer solchen römischen Galeere ist zwar nicht der hölzerne Rumpf, aber immerhin der aus Bronze gegossene Rammsporn im Deutschen Schiffahrtsmuseum in Bremerhaven ausgestellt. Damit sind römische Kriegsschiffe mit höchster Rudergeschwindigkeit den Fahrzeugen ihrer Gegner in die Flanke gefahren, haben sie in der Wasserlinie aufgerissen und dadurch versenkt. Es war allerdings nötig, den eigenen Rammsporn durch sofortiges Rückwärtsrudern aus dem Loch zu ziehen. Damit sich der Rammsporn nicht verkeilen konnte, bohrte er sich nicht mit einer einzigen Spitze ein, sondern zertrümmerte mit drei im Abstand übereinanderliegenden breiten Meißelschneiden die Schiffswand des Gegners. Aus diesen Trümmern konnte er dann leichter wieder zurückgezogen werden.
Ein Jahr nach diesem Desaster gaben die Römer ihre Feldzüge gegen die Germanen auf. Fortan bildeten Rhein und Donau die Grenze zwischen beiden Völkern. Die Rheinlande erlebten eine lange Wirtschaftsblüte, und römische Handelsschiffe brachten jahrhundertelang Wein und zahlreiche, z. T. kostbare Handwerksprodukte wie Glasbecher, Alltagsgerät und Mahlsteine zu den Germanen an der Nordseeküste, wobei die wichtigsten Anlaufhäfen an den Flußmündungen lagen. Die dort lebenden Germanen gewöhnten sich so sehr an die ständige Zufuhr aus den römischen Rheinlanden, daß sie erst in helle Aufregung gerieten, als die dortige exportorientierte Wirtschaft unter den Schlägen der Völkerwanderung zusammenbrach und im frühen 5. Jahrhundert die römischen Handelsschiffe nicht mehr fuhren.
Die Sachsen an der Unterweser versuchten auf ihre Weise, die bequeme Versorgung mit den begehrten Römerwaren wiederherzustellen: Sie

Bronzener Rammsporn einer römischen Galeere aus der Zeit um Christi Geburt

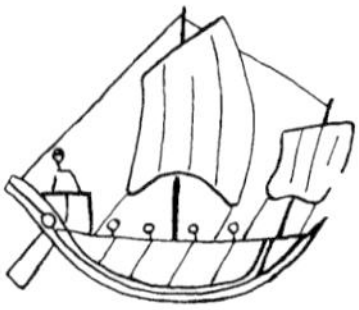

Römisches Handelsschiff, zum Zweck eines germanischen Runenzaubers auf einen Rinderknochen geritzt. Frühes 5. Jahrhundert n. Chr., ausgebaggert aus der Unterweser

veranstalteten eine kultisch-magische Feier, opferten einen Ochsen und inszenierten mit einem seiner Beinknochen einen Runenzauber. Sie ritzten darauf ein römisches Handelsschiff mit seinen typischen zwei Segeln, der kleinen Rudermannschaft und dem Steuermann ein und fügten in deutlich lesbaren Runen einen Zauberspruch hinzu, der in unserer Sprache lautet: „Ich locke her“, nämlich das dargestellte römische Handelsschiff. Dieser Knochen wurde dann in dem Element versenkt, auf dem das Schiff hergelockt werden sollte, im Wasser der Unterweser. Vor 70 Jahren ist er ausgebaggert worden und heute im Staatlichen Museum für Naturkunde und Vorgeschichte in Oldenburg ausgestellt. Das Wrack eines solchen Handelsschiffes mittelmeerischer Bauart wurde nicht an der deutschen, sondern an der englischen Nordseeküste in der Themse bei London gefunden und ist im Museum of London zu sehen.

Nicht alle aufgefundenen Wracks sind durch Stürme untergegangen. Das gilt an der Nordseeküste z. B. für die eigenen Fahrzeuge der dortigen Germanen. Ein schweres Fischerboot mit besonders dickem Boden und ein leichtes, elegantes Reiseboot, beide je aus einem Eichenstamm ausgehöhlt, sind vor wenigen Jahren an der Wesermündung nördlich von Bremerhaven ausgegraben und im Museum Burg Bederkesa ausgestellt worden. In beiden hatte man im 5. Jahrhundert Tote bestattet, so sehr war die Bevölkerung damals mit der Seefahrt verbunden. Aus ähnlichen religiösen Beweggründen wurden in dieser Zeit auch Boote als Opfergaben in Mooren versenkt. Aus dem Vaaler Moor nördlich der Elbmündung stammt ein 12,3 Meter langer Kriegseinbaum und aus dem Nydamer Moor nördlich der Flensburger

Aus Eichenplanken zusammengenietetes Wikingerschiff (Kriegsschiff) aus dem Nydam-Moor nordöstlich von Flensburg. Das Nydam-Boot ist fast 24 Meter lang und hat Platz für 18 Ruderer. Es stammt aus dem 4. Jahrhundert n. Chr. und ist im Landesmuseum Schloß Gottorf in Schleswig zu bewundern.

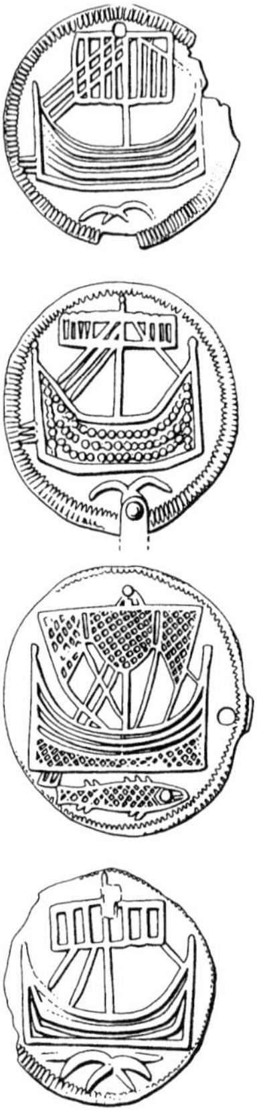

Darstellungen friesischer Koggen auf Münzen des Friesenhandels an der Nordseeküste um 800

Förde ein 24 Meter langes, aus breiten Eichenplanken zusammengenietetes Kriegsschiff, die beide im Schloß Gottorf in Schleswig besichtigt werden können. Mit Fahrzeugen dieser Schiffbautradition sind die Angeln und Sachsen im 5. Jahrhundert aus Schleswig-Holstein und Niedersachsen auf die britische Insel ausgewandert.
Die ehemals römische Handelsschiffahrt vom Rhein entlang der Nordseeküste bis Skandinavien setzten seit dem 5. Jahrhundert die Friesen fort. Ihre koggeförmigen Schiffe kennen wir vor allem von relativ kleinen Münzbildern der Zeit um 800. Mit ihrem flachen, an beiden Enden leicht angehobenen Boden konnten sie bei ablaufendem Wasser ohne Probleme trockenfallen und bei auflaufendem Wasser wieder aufschwimmen. Sie waren also besonders gut geeignet für die Wattenfahrt, wo die See im Schutz der Kette von Inseln und Sandbänken bei mittleren Windstärken sehr viel ruhiger war als die offene See. Erhalten geblieben sind von diesen Schiffen in einigen der seit dem 8. Jahrhundert neu entstandenen stadtartigen Handelsplätzen die für Koggen typischen Eisennägel, mit denen die Planken dieser Schiffe untereinander verbunden waren. Die Friesen waren aber nicht nur in der Küstenschiffahrt aktiv, sondern fuhren auch die Flüsse weit hinauf. Das Wrack eines um 808 gebauten schlanken Flußbootes mit geringem Tiefgang ist vor einigen Jahren in Bremen ausgegraben worden und hatte noch ein paar Scherben typisch friesischer Keramik an Bord. Es wird z. Zt. im Deutschen Schiffahrtsmuseum in einem Konservierungstank für die Ausstellung im Museum vorbereitet.

Funde aus der Zeit der Hanse

Die 1159 in Lübeck gegründete Hanse verdankte ihren großen Handelserfolg einer entscheidenden hafenwirtschaftlichen Innovation. Sie band erstmals in der Geschichte der Schiffahrt das weite Hinterland der Seehäfen mit ein, so daß kleine und große Städte tief im Binnenland, wie z. B. Soest, Breslau oder Krakau, Mitglieder der Hanse wurden. Der Erfolg des dadurch erreichten rückwärtigen Vertriebssystems der Seehäfen war so groß, daß die Wirtschaft aufblühte und immer größere Schiffe für den Gütertransport auf Nord- und Ostsee nötig wurden, die man aus den kleinen Koggen der Friesen weiterentwickelte. 1379 wurde in Bremen eine neue große Kogge von knapp 24 Meter Länge, knapp 8 Meter Breite und einer Bordwandhöhe von 4,5 Metern an der niedrigsten Stelle auf Kiel gelegt. Nach erfolgreichem Stapellauf lag sie für die Fertigstellung der Aufbauten und das Einsetzen von Heckruder und Mast am Ausrüstungskai. Dort wurde sie 1380 wahrscheinlich durch ein Frühjahrshochwasser, vielleicht sogar mit Eisgang, losgerissen und trieb weserabwärts. Weil noch kein Ballast an Bord war, kenterte das hochbordige Fahrzeug in einem Strudel und sandete so ein, daß es mit damaligen Mitteln nicht wieder gehoben werden konnte – ein herber Verlust für den Schiffbauer, hingegen ein Glück für die Archäologen, die das Wrack von 1962 bis 1965 ausgruben und bargen. Die unten gelegene Steuerbordseite befand sich vom Kiel bis zum höchsten Handlauf der Kastelldeckreling in optimalem Zustand. Wäre das Schiff in Fahrt leck geschlagen und senkrecht untergegangen, wären nur die unteren Teile erhalten geblieben. So aber fand man eine vollständige Schiffsseite, die sich

Oben: Die Bremer Hanse-Kogge von 1379/80 nach dem Wiederaufbau im Deutschen Schiffahrtsmuseum in Bremerhaven
Rechts: Das Hansekoggen-Modell mit dem typischen Achterkastell zeigt, daß dieser hochbordige klinkerbeplankte Schiffstyp in der Frühzeit der Entwicklung nur ein einziges großes Segel besaß.

gut mit den bildlichen Darstellung von Koggen auf Siegeln der Hansestädte vergleichen ließ. Es besteht deshalb überhaupt kein Zweifel: der Bremer Schiffsfund war eine Hansekogge – die erste, die die Forschung als solche erkennen konnte. Inzwischen sind mehr als ein Dutzend andere Koggen ausgegraben worden, aber die Bremer ist immer noch die am vollständigsten erhaltene. Sie wurde ab 1972 im Deutschen Schiffahrtsmuseum in Bremerhaven aus über 2000 zerbrochenen Einzelteilen wieder zusammengesetzt und seit 1982 dort in einem großen Tank so konserviert, daß sie nunmehr frei im Raum stehen und besichtigt werden kann.

Nordseeschiffahrt im 17. und 18. Jahrhundert

Im Laufe des 16. Jahrhunderts verlor die Hanse allmählich ihre führende Rolle im Nord- und Ostseehandel an die Holländer, die zugleich auch mit ihren großen, mit Kanonen bewaffneten Handelsschiffen in den neuentdeckten Ländern im Golf von Mexiko und in Südostasien tätig wurden. Viele deutsche Schiffer holten sich mit ihren kleinen Küstenseglern meist niederländischer Bauart die begehrten Güter der fernen Länder, wie z. B. Gewürze, Zucker, Tee, Porzellan und auch holländische Waren aus Holland, und brachten sie an den deutschen Küsten in den Handel. Drei Wracks solcher Küstenschiffe sind an der deutschen Nordseeküste entdeckt worden:
Eines hatte man 1673 beim Bau der schwedischen Carlsburg im heutigen Stadtgebiet von Bremerhaven absichtlich versenkt, um einen der beiden Mündungsarme der Geeste abzudämmen, die dort in die Unterweser fließt. Es wurde bereits 1858 bei Hafenbauarbeiten gefunden. Die damals ange-

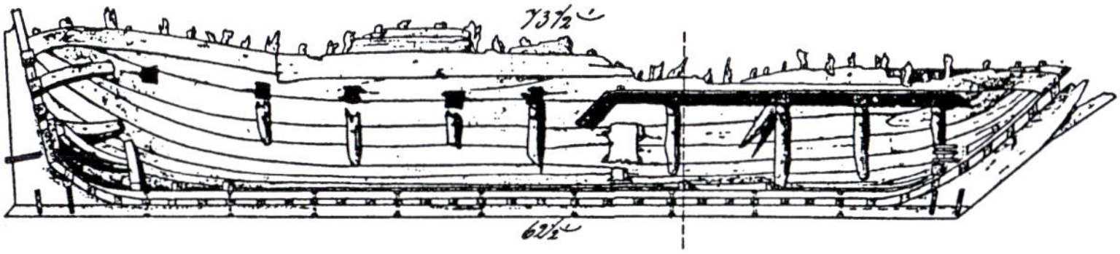

Wrack eines kleinen Küstenseglers, den man 1673 im heutigen Bremerhaven versenkt hatte, um einen der Mündungsarme des Flusses Geeste abzudämmen. Zeichnung von 1858

Galionsfigur „Heiliger Antonius“ vom Wrack eines wahrscheinlich portugiesischen Segelschiffes, geborgen im Ersten Weltkrieg

fertigte Zeichnung läßt noch das große Loch erkennen, das man in die Seite hineinschlug, um es zu versenken.
1994 wurde im Uelvesbüller Koog in Eiderstedt unter meterhohen Sturmflutsedimenten das 12 Meter lange Wrack eines weiteren Küstenseglers entdeckt, der im 17. Jahrhundert offensichtlich in schwerem Sturm Schiffbruch erlitten hat. Nach einer Konservierung in Zuckerlösung ist es heute im Schiffahrtsmuseum Husum ausgestellt.
1717 verursachte eine Sturmflut einen Deichbruch am Hedwigenkoog in Dithmarschen. Die Gewalt von Wind und Wellen war so groß, daß ein ganzes hölzernes Küstenschiff, das Fisch geladen hatte, durch die Deichlücke in die dahinter ausgewaschene Wehle gerissen wurde. Die erhaltenen Teile sind im Dithmarscher Landesmuseum Meldorf zu sehen.

Entwicklungen seit dem 19. Jahrhundert

Im späten 18. Jahrhundert, vor allem nach der Unabhängigkeitserklärung der USA 1776, begannen auch von deutschen Häfen aus große hölzerne Segelschiffe alle Meere zu befahren. Wracks dieser Schiffe sind aus zwei Gründen für die museale Präsentation besonders schwierige Objekte. Einerseits lebt in der salzigen Nordsee – im Gegensatz zur weniger salzhaltigen Ostsee – der aggressive Schiffswurm, der alles Holz, das nicht von Sand oder Schlick bedeckt ist, in kurzer Zeit auffrißt. Deshalb sind von einem großen Wrack vor Helgoland außer wenigen Holzresten nur die großen Kupferbolzen, die einst die schweren Holzteile zusammenhielten, übriggeblieben. Sie sind im Deutschen Schiffahrtsmuseum ausgestellt. Andererseits sind auch die vom Sediment bedeckten

hölzernen Wracks, wenn sie von der ständigen Strömung freigespült werden, so groß, daß nur noch ausgewählte Teile in die Museen gelangen. So wurde z. B. eine Galionsfigur, die den Heiligen Antonius darstellt, durch ein Minensuchboot des Ersten Weltkrieges von einem wahrscheinlich portugiesischen Wrack geborgen und hing bis 1981 außen an der katholischen Kirche von Cuxhaven, wo ihr Wind und Wetter zusetzten. Deshalb wurde sie dort durch einen wetterfesten Kunststoffabguß ersetzt; das Original befindet sich nun in den klimatisierten Räumen des Deutschen Schiffahrtsmuseums. Dort sind von verschiedenen anderen Wracks auch Teile des Bordgeschirrs und eiserne Anker, z. T. noch mit dem Holzstock, ausgestellt. Besonders interessant sind darunter die Ausrüstungsteile eines kleinen hölzernen Küstenseglers, der um 1900 untergegangen ist. In seinem doppelten Boden war eine ganze Batterie von Flaschen mit verschiedenen Alkoholika versteckt, die ganz offensichtlich am Zoll vorbeigeschmuggelt werden sollten.
Aber nicht nur hölzerne Segelschiffe hat sich die Nordsee geholt. Ihr sind auch stählerne Dampfer und Motorschiffe zum Opfer gefallen. Über diese Wracks und die bei der Freiräumung der Fahrrinnen aus ihnen geborgenen Ausrüstungsteile und Ladungen gibt das Wrackmuseum in Cuxhaven sehr anschaulich Auskunft. Da sieht man Jugendstilkannen und -lampen sowie andere Geräte aus Silber aus der Ladung des 1912 untergegangenen Hapag-Dampfers „Vandalia“. Die Besatzung konnte bis auf zwei Mann gerettet werden, aber 6000 Tonnen Stückgutladung für Rio und Santos waren samt dem Schiff verloren. Die ausgestellte Auswahl umfaßt weiter Nähmaschinen und Fleischwölfe, Holzfässer mit Zement und Draht-

rollen; selbst ein Emaille-Nachttopf gehört zum Fundgut. Aus der Messe des mit Eisenerz beladenen Dampfers „Bothnia“, der 1941 in dichtem Nebel auf der Niederelbe sank, stammen u. a. ein silberner Brotkorb und ein Set für Salz und Pfeffer, Essig und Öl, und aus dem englischen U-Boot E-24, das 1916 vor Helgoland durch Minenexplosion versenkt wurde, sind u. a. ein Einmachglas voller Stachelbeeren sowie eine volle Schnapsflasche nebst Trinkglas ausgestellt.

Auch deutsche U-Boote sind vor der eigenen Küste untergegangen, so 1916 in der Wesermündung U51, von dessen 1966 gehobenem Wrack das vor dem Turm an Deck aufgestellte Geschütz (Kaliber 8,8) im Deutschen Schiffahrtsmuseum zu besichtigen ist. Im selben Museum ist dagegen bei dem Zweimann-U-Boot vom Typ Seehund, das nach Kriegsende 1945 durch Öffnen der Ventile im Jadebusen versenkt worden war, die stählerne Außenhaut vom Salzwasser so angegriffen, daß sie wie mit Pockennarben bedeckt erscheint.

Insgesamt geben also die in den Museen an der Nordseeküste ausgestellten Wracks oder Wrackteile einen überraschend vielfältigen Einblick in den gefährlichen Alltag der Schiffahrt der letzten zwei Jahrtausende. Dieser Überblick soll aber nicht beendet werden ohne einen Hinweis auf den Hochsee-Bergungsschlepper „Seefalke“, der heute im Museumshafen des Deutschen Schiffahrtsmuseums liegt. Er wurde bereits 1924 gebaut und mit besonders starken Dieselmotoren versehen, um von Cuxhaven aus havarierten Schiffen auf hoher See zu Hilfe zu eilen, gestrandete Schiffe wieder freizuschleppen und – natürlich stets gegen Bergeprämie – alles zu tun, damit in Seenot geratene Schiffe nicht zu Wracks wurden.

Konserviertes Wrack eines Zweimann-U-Bootes aus dem Zweiten Weltkrieg, gehoben um 1970 aus dem Jadebusen

Seeräuberei an der Nordseeküste: Störtebeker und die Vitalienbrüder

Harm Bents

„Item Balhorst, Boldelaghe et Craan eo, quod Gherardo servo Poppen et Nicolao Stortebeker cuilibet ossis frakturam cum 5 blaviis intu(l)erunt tempore nocturno."

Diese Eintragung von 1380 im Gerichtsprotokollbuch der Stadt Wismar ist die älteste erhalten gebliebene Nachricht über den berühmt-berüchtigten Seeräuber Störtebeker. Demnach war Störtebeker an einer Schlägerei beteiligt, bei der er sich fünf blaue Flecken eingehandelt hatte. Zwei seiner Widersacher wurden deshalb der Stadt verwiesen. Eine weitere Nachricht über Störtebeker ist in einer Klageschrift aus dem Jahre 1405 überliefert, in der der englische König Heinrich IV. von der Hanse eine Entschädigung für Verluste verlangt, die seine Untertanen durch Seeräuber und Kaperer erlitten hatten.

Die Vitalienbrüder machen die Seefahrt unsicher

Die Jahre zwischen diesen Meldungen können als die „Blütezeit der Seeräuberei" sowohl auf der Ostsee als auch auf der Nordsee, damals noch Westsee genannt, bezeichnet werden.
Gegen Ende des 14. Jahrhunderts waren die politischen Verhältnisse im Ostseeraum sehr angespannt. Nach dem Tod des dänischen Königs Waldemar IV. Atterdag (1375) entbrannten Erbstreitigkeiten, bei denen sowohl von dänischer als auch mecklenburgischer Seite Ansprüche auf den Thron erhoben wurden. Hierbei kam es zu Auseinandersetzungen und schließlich zu jahrelang andauernden Kämpfen, wobei jede Hilfe willkommen war – auch die der Seeräuber. Während bei den Zusammenkünften der Hanse die Klagen über die Raubzüge dieser Gesellen immer lauter wurden, stellten die Mecklenburger sich offen auf

die Seite der Seeräuber und warben unter ihnen für den Kaperkrieg gegen Dänemark. Sie erhielten Zugang zu den mecklenburgischen Häfen und konnten „up eygene eventure das rike zu Denemarken schedigen“. Die Städte Rostock und Wismar stellten Geleit- und Bestallungsbriefe aus, um der Tätigkeit der Seeräuber einen legalen Anstrich zu geben. Die Mecklenburger setzten die Seeräuber sogar zur Versorgung der von den Dänen belagerten Stadt Stockholm mit Lebensmitteln (Victualien) ein, worauf allgemein die Bezeichnung „Vitalienbrüder“ zurückgeführt wird.
Nach langen Verhandlungen einigten sich die streitenden Parteien schließlich im Mai 1395 auf einen Friedensschluß. Wesentlichen Anteil hieran hatten die Bemühungen der Hanse.
Im Friedensvertrag wurde Stockholm den Hansestädten zugeschlagen, das sie mit einem starken Heer besetzten. Die Versorgung mit Lebensmitteln von außen war nun nicht mehr notwendig. Die Kaperbriefe wurden zurückgenommen, und die bisherigen Hilfsgenossen der Mecklenburger galten fortan als Friedensfeinde. Das bedeutete praktisch, daß die Vitalienbrüder sich nach anderen Erwerbsquellen umsehen mußten.

Zusammenarbeit mit ostfriesischen Häuptlingen

Zwar trieben einige der Raubgesellen ihr Unwesen weiter auf der Ostsee, viele jedoch verlagerten ihr Betätigungsfeld in die Nordsee. Hier versprachen sie sich von den hansischen und englischen Handelsschiffen reiche Beute. Das ostfriesische Küstengebiet mit seinen kleinen Häfen und den vorgelagerten Inseln bot gute und sichere Zufluchtstätten. Von besonderer Bedeutung war dabei, daß die ostfriesischen Städte nicht dem

Hansebund angehörten, also weniger Rücksicht auf dessen Kaufleute zu nehmen brauchten. Dies kam dem Absatz der geraubten Waren und somit auch den friesischen Häuptlingen zugute. Und diese erkannten schon bald, daß sie die kampferprobten Burschen wirkungsvoll gegen ihre Feinde einsetzen konnten. So ergab sich eine Symbiose, ein Verhältnis des beiderseitigen Nutzens, vielleicht auch in dem einen oder anderen Fall des Ausnutzens.

Neben einigen anderen Häuptlingen der ostfriesischen Halbinsel hatten insbesondere die tom Broks und das von ihnen beherrschte Brookmerland von vornherein engeren Kontakt zu den Seeräubern. Interessant ist in diesem Zusammenhang die Mitteilung in der „Norder Chronik" des Pastors Elsenius: „Anno 1396, 13. Januar, is Claus Störtebeker mit sin Schipfahrt ersten tho Marienhave gekamen. Hisco van Emden und de junge Keno thom Broke hebben mit eme dorch de Finger gesen, hebben em ok gebruket jegen de Hollanders."

Diese Nachricht besagt, daß der Propst Hisko von Emden und der junge Häuptling Keno tom Brok die Seeräuber aufgenommen hatten und dabei vorgaben, nicht zu wissen, welchen „Gästen" sie da Unterschlupf gewährten. Tatsächlich aber waren sie sich darüber durchaus im klaren. Der bedeutende Geschichtsforscher Ubbo Emmius wird in seiner „Ostfriesischen Geschichte" deutlicher: „1396 bemächtigten die Seeräuber sich zunächst mit Gewalt eines Ortes ... weil sie niemand zu hindern wagte. Dann aber ließen die Friesen sie lieber wie Gäste als wie unerträgliche Feinde ins Land kommen. Schließlich wurden sie wegen ihrer Hilfe im Streit mit den Nachbarn sogar wie Freunde aufgenommen ..."

Marienhafe, ein Schlupfwinkel der „Liekedeler“, um 1400. Die Ansicht vermittelt einen Eindruck, wie der Ort zur Zeit Störtebekers nach der Schilderung der Chronisten ausgesehen haben mag. Im Vordergrund der Hafen mit Koggen, dahinter die Befestigungsanlagen und in der Mitte die gewaltige Marienkirche mit dem 6-stöckigen Turm.

Marienhafe mit der verkleinerten Marienkirche. Der Hafen ist heute längst verlandet. Von der Meereseinbuchtung ist nur noch ein kleiner Wasserlauf, das sogenannte „Störtebeker-Tief“, geblieben. Im ersten Stock des um die Spitze und zwei Geschosse verkürzten „Störtebekerturms“ ist ein kleines Museum eingerichtet.

Die tom Broks hatten ihren Sitz zwar in Oldeborg, jedoch fanden die Seeräuber hauptsächlich in Marienhafe Unterschlupf. Marienhafe liegt heute etwa zehn Kilometer vom offenen Meer entfernt. Zu Störtebekers Zeiten aber bestand die Möglichkeit, den Marktflecken mit flachgängigen Schiffen anzufahren, da durch die beiden Dionysiusfluten 1373 und 1377 eine mehrere hundert Meter breite Ausbuchtung entstanden war, die bis fast an die Marienkirche heranreichte. Die „Gäste“ selbst nahmen Quartier im Turm der Kirche, dessen erstes Obergeschoß wohnlich eingerichtet wurde. Der Turm war damals 72 Meter hoch und für die Seefahrer ein wichtiger Orientierungspunkt. Noch heute ist der auf ca. 40 Meter verkürzte Kirchturm landesweit als „Störtebekerturm“ bekannt, und in der „Störtebekerkammer“ erzählt der Türmer den Besuchern schaurige Geschichten.
Der Geschichtsschreiber Eggerik Beninga schildert in der „Cronica der Freesen“, die Seeräuber Störtebeker und Gödeke Michel hätten Marienhafe – finanziert durch ihr Raubgut – befestigt und den großen Turm an der Kirche sowie vier schöne gewölbte Pforten mit einer hohen Mauer, an der Ringe zum Festmachen der Schiffe angebracht waren, aufbauen lassen. Hierin steckt sicherlich ebenso ein Körnchen Wahrheit wie in der Überlieferung, daß die Seeräuber um Störtebeker ihre Beute gleichmäßig teilten und deswegen „Liekedeler“ genannt wurden.
Urkundlich belegt ist dagegen, daß die von Keno bzw. seinem Halbbruder Widzel tom Brok aufgenommenen Vitalienbrüder ein aus England kommendes Schiff kaperten und nach Friesland brachten. Anschließend verkauften sie dem Danziger Eigner sein Schiff wieder. Zur Sicherung des

„Kaufpreises“ mußte dieser einen Bürgen stellen. Die Vitalienbrüder ließen dem Schiffer in diesem Zusammenhang mitteilen, sie seien „Gottes Freunde und aller Welt Feinde“. Diese Botschaft ist später zu einem geflügeltem Wort im Zusammenhang mit Störtebeker und den „Liekedelern“ geworden.

Die Hanse greift durch

Die Hansestädte konnten die von den ostfriesischen Häfen ausgehenden Aktivitäten der Seeräuber natürlich nicht einfach hinnehmen. Darum wurden die Häuptlinge immer wieder gewarnt und aufgefordert, die Vitalienbrüder zu entlassen. Die Mahnungen zeigten allerdings keine dauerhaften Erfolge.
Schließlich hatte die Geduld der Hanse ein Ende. Auf der gemeinsamen Tagung im Februar 1400 in Lübeck, an der auch holländische Städte teilnahmen, wurde beschlossen, Gegenmaßnahmen zu ergreifen und elf Schiffe mit 950 Mann auszurüsten.
Ende März/Anfang April spitzte sich die Lage zu. Hamburg und Lübeck kamen überein, die gefaßten Beschlüsse nun umzusetzen. Die anderen Mitgliedsstädte der Hanse wurden davon in Kenntnis gesetzt. Sogar Königin Margarethe von Dänemark wurde um Hilfe gebeten. Ohne auf die Unterstützung der anderen Partner zu warten, griffen die Hamburger und Lübecker die Seeräuber, die sich gerade in der Nähe der Leybucht aufhielten, an. Diese waren völlig überrascht und unvorbereitet. Von etwa 200 Piraten wurden 80 niedergemacht und über Bord geworfen. Diejenigen, die mit dem Leben davonkamen, flohen an die Küste. Aber auch hier wurden sie verfolgt, so daß 25 gefan-

gengenommen und kurzerhand in Emden hingerichtet wurden. Weitere elf wurden einige Tage später geköpft.
Diese rigorose Vorgehensweise verdeutlicht, daß die Hansestädte kein Pardon mehr gelten ließen. Um keinen Zweifel an ihrem Durchsetzungswillen aufkommen zu lassen, nahmen sie fünf Burgen von ostfriesischen Häuptlingen, die die Seeräuber unterstützten, ein und zerstörten zwei davon.
Wie es sich für ordentliche Kaufleute gehört, wurde genau Buch geführt: 9350 Lübische Mark hat das gesamte Unternehmen gekostet! Dieses Geld und den Aufwand hätten die Hansestädte sicherlich leichter verschmerzt, wenn der Erfolg von Dauer gewesen wäre. Die Fehden und die Piraterie aber sollten noch jahrelang eine unliebsame Zeiterscheinung bleiben.
Die Hanseaten mußten bei ihrer Ankunft in Emden feststellen, daß zwei Hauptleute der „Liekedeler", nämlich Gödeke Michel und Magister Wigbold, mit zweihundert „Wehrhaften" entkommen und nach Norwegen gesegelt waren. Wo aber blieb Störtebeker? War er bei der Seeschlacht vor der ostfriesischen Westküste überhaupt dabei?
Der Historiker Koppmann erinnert in seiner Abhandlung über Klaus Störtebeker daran, daß dieser in der Klageakte der Engländer immer neben Gödeke Michel genannt wird. Diese enge Verbindung biete Grund zu der Annahme, Störtebeker habe sich ebenso wie Gödeke Michel zeitweise in Loquard, nordwestlich von Emden, aufgehalten und sei vermutlich nach Norwegen geflohen.
Dieser Auffassung steht die Tatsache entgegen, daß eine andere Gruppe der geflüchteten Seeräuber Aufnahme im nahen Holland fand. Herzog Albrecht schloß am 15. August 1400 sogar einen

Vertrag mit ihnen, der vorsah, daß 114 Mann in Freundschaft aufgenommen würden und freies Geleit erhielten. In diesem Vertrag taucht auch der Name „Störtebeker“ auf. Als Vorname wird allerdings Johann, nicht Klaus angegeben. Die unterschiedlichen Namen beweisen jedoch nicht, daß die Personen nicht identisch sind. Im übrigen ist auch der Vorname Klaus nicht urkundlich belegt, sondern nur von einigen Chronisten überliefert worden. Auch in der eingangs genannten Klageschrift wird kein Vorname genannt, es ist vielmehr die Rede von „Stertebeker“, „de Stertebeker“ und „one called Strotbeker“.

Störtebekers Gefangennahme und Hinrichtung

Störtebeker dürfte seine Kaperfahrten im Frühjahr 1401 wieder aufgenommen haben. Ob er allerdings noch in seinem Sinne erfolgreich war, ist fraglich, denn es deutet einiges darauf hin, daß er und sein Kumpan Wichmann bald gefangengenommen wurden: Die Kämmereirechnungen der Stadt Hamburg verzeichnen für das Jahr 1401 eine Ausgabe von 193 Pfund und 7 Schilling für das Verwahren und Bewachen von Holländern, Friesen und Vitalienbrüdern.
Die Chronisten berichten übereinstimmend, soweit sie auf den Ort der Gefangennahme Störtebekers eingehen, er sei von Hamburger Englandfahrern vor Helgoland überwältigt worden. Auch hierfür bieten die Kämmereirechnungen Beweismaterial. Aus dem Jahr 1401 findet sich eine Eintragung, wonach Hermann Lange und Nikolaus Schoke für ihre Fahrt nach Helgoland und für ihren Einsatz gegen die Vitalienbrüder 57 Pfund und – nach dem erfolgreichen Abschluß ihrer Mission – für Masten und anderes Holzwerk, das

Gegenüberliegende Seite: Porträt des berühmten Seeräubers. Das „Bildnis“ Störtebekers ist durch eine Radierung von Daniel Hopfer bekanntgeworden. Es zeigt allerdings nicht den Seehelden, sondern Cunz von der Rosen, Hofnarr des Kaisers Maximilian I. Das Foto gibt eine Nachzeichnung der Radierung wieder.

aus dem eroberten Schiff Störtebekers stammte, weitere 16 Pfund erhielten. Bei dem Schiff handelte es sich, so wird erläutert, um einen mittelgroßen Holk, einen der Kogge ähnlichen Frachtschiffstyp. Auf Waren oder Raubgut an Bord des Seeräuberschiffs findet sich kein Hinweis.

In den Hamburger Jahrbüchern ist vermerkt, daß Störtebeker und Wichmann kurz nach Feliciani (20. Oktober) hingerichtet wurden. Die entsprechende Eintragung lautet: „Anno 1402 ward Wichman unde Stortebeker afgehouwen altohand na Feliciani.“ Aus der nächsten Eintragung geht hervor, daß Magister Wigbold und Gödeke Michel im darauffolgenden Jahr ihren Kopf verloren. Die vorgenannten Jahresangaben haben zu Unsicherheiten unter den Historikern bezüglich des Hinrichtungsjahres geführt. Aufgrund der geschilderten Zeitabläufe ist jedoch der Schluß berechtigt, daß Störtebeker und Wichmann bereits 1401 geköpft worden sind, denn es ist kaum anzunehmen, daß die Gefangenen länger als nötig beköstigt wurden. Die Hinrichtung fand vor den Toren Hamburgs auf dem Grasbrook, einem Stück Grünland am Ufer der Elbe, statt.

Damals hat wohl niemand geahnt, daß der junge Mann, der 20 Jahre vorher in Wismar an einer Schlägerei beteiligt war, zum wohl größten Seehelden aller Zeiten werden würde. Vor allem um seine Herkunft, seinen Mut und seine Trinkfestigkeit, seinen Sinn für Gerechtigkeit sowie die Umstände seiner Gefangennahme und seiner Hinrichtung ranken sich unzählige – wahrlich sagenhafte – Geschichten.

Klaes Störtebeker und Göde Micheel

Karl Müllenhoff, 1845

Störtebeker und Göde Micheel waren Seeräuber und trieben um das Jahr 1400 lange Zeit vor der Elbe ihr Wesen, so daß kein Schiff hinaus oder herein konnte, sie hätten es denn erst ausgeplündert. Die Hamburger konnten ihnen, so oft sie es auch versuchten, immer nicht beikommen. Endlich aber hat ein Blankeneser Fischer sie gefangen, als sie einmal auf der Elbe lagen. Er war ihr alter Bekannter und Kamerad gewesen, ward freundlich von ihnen aufgenommen und bat sie, sein Boot an ihr Schiff legen zu dürfen, weil das Wasser unruhig sei; er wolle sich Essen kochen. Da es nun Nacht ward und sie meinten, er sei mit dem Essen beschäftigt, schmelzte er Blei und lötete ihnen das Steuerruder damit fest. Unbemerkt entfernte er sich dann und machte den Hamburgern davon Anzeige, die ihn bis an seinen Tod dafür verpflegen ließen.

Drei Jachten machten sich sogleich von Hamburg auf und fuhren die Elbe hinunter. Am Morgen fielen sie über die Seeräuber her; und da diese sich nicht rühren konnten, wurden sie nach tapferer Gegenwehr endlich alle gefangen. So brachte man sie, siebzig an der Zahl, nach Hamburg, und alle wurden auf dem Grasbrook geköpft. Nach der Hinrichtung fragte der Senat den Scharfrichter, wie ihm dabei zumute gewesen sei. „O, gestrenge Herren“, antwortete er, „mir war so wohl dabei, daß ich auch noch den ganzen hochweisen Senat hätte abtun mögen.“ Diese kecke Antwort aber mußte er mit seinem Leben büßen.

Vergebens hatten die Hamburger in dem Schiff nach großen Schätzen gesucht. Da man nichts fand, verkaufte man es endlich an einen Zimmermann, es zu zerschlagen. Als der aber die Säge ansetzte, traf er gleich auf etwas Hartes, und bald schimmerte ihm das helle Metall entgegen. Er machte dem Senat Anzeige davon, und als man nun die Masten untersuchte, war der eine mit reinem Golde, der andere mit Silber und der dritte mit Kupfer angefüllt. Man belohnte den Zimmermann reichlich und ließ aus dem Golde eine Krone verfertigen, die um den Sankt-Katharinenturm herumreichte. Daraus haben später die Franzosen Dukaten geschlagen.

Man weiß noch vieles von Störtebeker und Göde Micheel zu erzählen, und lange ist hier im Lande ein Lied von ihnen gesungen worden. Sie haben in Bombüll in der Wiedingharde, in der Uhlenflucht im Amt Steinburg, an der Stör nicht weit von Hohenaspe und Mehlbek, und anderswo, auch in Dänisch Wohld und Angeln, ihre festen Burgen und Schlupfwinkel gehabt. In dem Schwabsteder Mühlenberg haben Störtebeker und Göde Micheel eine große silberne Tafel vergraben, und so arg mit Seelen verbannt, daß es niemand noch gelungen ist, sie zu heben. Bei Puttlos an der Ostsee, in der Nähe von Oldenburg, wo sie auch einen Sitz hatten, haben sie viele unterirdische Gänge angelegt und da ihre Schätze verborgen; sie konnten dadurch vom Schlosse bis an das wilde Wasser kommen, und hatten ihren Ausgang beim Weinberg, einem Holz auf einem Berge. Daher hat man noch heute in Oldenburg das Sprichwort: Du kümms to laet in'n Wynbarg. Da bei Oldenburg leben auch noch Nachkommen von Störtebeker.

Modell des Störtebeker-Denkmals Marienhafe. Bildhauer: K.-L. Böke

Folgende Geschichte, sagen einige Leute, sei dem Görtmicheel passiert: In Wandelwitz (oder in Kröß, wie andere sagen) war einmal eine große hübsche Dirne. Aber auf einmal verschwand sie, und man wußte nicht, wo sie geblieben war. Die beiden Eltern grämten sich Tag und Nacht um das einzige Kind; aber alles Suchen war vergebens. Es vergingen sieben Jahre, und fast hatte man sie schon vergessen; da war sie mit einem Male wieder da, und niemand wußte wieder, wo sie hergekommen sei. Groß war die Freude der Eltern; aber keiner konnte es von ihr herausbringen, wo sie so lange gewesen; sie sagte immer, daß sie es nicht verraten dürfe. „So klag es dem großen Stein, der neben der Seitentür liegt", sagte die Mutter. Da ging die Tochter hin, kniete nieder und sprach:

Stein, ich klag dir meine Not,
der Räuber hat mich nach dem Weinberg weggeholt.

Und sie erzählte weiter, daß sie die sieben Jahr bei ihm gewesen sei und ihm sieben Kinder geboren hätte; sie hätte immer gerne wieder nach Hause gewollt, aber der Räuber hätte es nicht haben wollen; sonst hätte sie es gut bei ihm gehabt und könnte über nichts klagen. Endlich aber habe sie Erlaubnis erhalten, aber ihm vorher versprechen müssen, keinem zu sagen, wo sie so lange gewesen sei, und er habe geschworen, wenn sie nicht wiederkäme, würde er ihren Kindern die Köpfe abhauen und auf einen Weidenzweig ziehen; käme sie aber wieder und hätte sie ihn verraten, so würde er sie dazu umbringen.

Während der Zeit, daß sie das dem Stein klagte, stand die Mutter hinter der Tür und hatte alles gehört; weil sie aber ihre Tochter gerne retten wollte, ersann sie eine List.

Als daher die Tochter zur bestimmten Zeit nach der Höhle zurückkehren wollte, sagte die Mutter: „Hier ist ein Beutel mit Erbsen; den nimm, und wie du gehst, laß eine Erbse nach der anderen fallen bis dahin, wo der Räuber wohnt." Die Tochter merkte wohl, was die Mutter im Sinn hatte. Sie hatte den Räuber lieb gehabt, aber da sie nun wieder zu ihm sollte, graute ihr doch vor ihm. Sie nahm daher den Beutel und tat, wie ihr gesagt war. Der Räuber war voller Freude, als sie wiederkam, und nahm sie aufs beste auf. Aber bald kam sie ihm doch wunderlich vor, und er wußte nicht, was er denken sollte. „Komm“, sagte er, „kämme mir das Haar und lause mich ein wenig!“ Und damit legte er ihr seinen Kopf in den Schoß. Wie sie nun saß und tat, wie er gesagt hatte und sie daran dachte, daß sie ihn verraten habe und er sie doch immer so lieb gehabt hätte, und nun wohl bald die Leute aus dem Dorfe kämen und ihn totschlügen, da ward ihr doch weich, und Tränen fielen ihr aus den Augen nieder in den Schoß. Als der Räuber nun die warmen Tropfen im Gesichte fühlte, da sprang er auf und sprach: „So hast du mich doch verraten!“, ergriff ihre Kinder und tötete eins nach dem andern; dann zog er die Köpfe auf einen Weidenzweig und hängte sie in der Höhle auf. Das mußte sie erst all mit ansehen, und darauf wollte er sich über sie hermachen. Aber da kamen die Wandelwitzer eben zur rechten Zeit (die Mutter hatte ihnen den Weg gezeigt) und überfielen den Räuber und töteten ihn. Also ward die Tochter gerettet; aber sie ward in ihrem Leben nicht wieder froh und glücklich.

Meeresungeheuer und Seejungfrauen: nur Seemannsgarn?
Hans Theede

Unübersehbare Weite, unergründliche Tiefen und unbekannte Gefahren des Meeres konnten mutige Entdecker und Seefahrer nicht schrecken, sich immer weiter hinauszuwagen. Die unberechenbaren Bedrohungenen, die von den Naturgewalten ausgingen, wurden leicht mit den furchterregenden gigantischen Wesen in Verbindung gebracht, die ihnen begegneten. Ihnen traute man zu, Menschen zu verschlingen und Schiffe zum Kentern zu bringen. Zahlreichen Berichten aus aller Welt scheint die Überzeugung der Seefahrer zugrunde zu liegen, einem Meeresungeheuer begegnet zu sein.

Seeschlangen

Unter den Meeresungeheuern geistert die Seeschlange schon besonders lange durch die Meere. Detaillierte Augenzeugenberichte existieren aus allen Teilen der Welt. Doch es muß Spekulation bleiben, wenn man herauszufinden versucht, welche Arten des Tierreichs wirklich gesichtet wurden.

Die Schlange als schreckenerregendes Wesen spielt in der Mythologie der alten Ägypter, Inder und auch der Nordgermanen eine Rolle. Eine gewisse Blüte erlangt der Mythos um die Seeschlangen im Mittelalter. Der schwedische Erzbischof Olaus Magnus schreibt im römischen Exil in der „Geschichte der nordischen Völker“ (1555) beispielsweise von einem Ungeheuer im Meer mit rotglühenden Augen, das sich aufrichtet und Schiffe und Besatzung gefährden kann. Seine „Carta marina“ (1539) gibt eine Übersicht über das Vorkommen solcher Ungeheuer in den nordischen Gewässern.

Um dieselbe Zeit berichtet der Schweizer Arzt und Naturfreund Conrad Gesner, der das zoologische

Seeschlange, die einen Seemann von Bord holt. Nach einer zeitgenössischen Abbildung aus dem 16. Jahrhundert

Wissen seiner Zeit zusammentrug, in seiner „Historia Animalium“ (1551–1558) über eine fürchterliche Walschlange, die Menschen von den Schiffen herunterreißen und sich um ein Schiff schlingen und dieses zugrunde richten kann. Viele der eindrucksvollen Illustrationen von Magnus und Gesner, die man später auch bei anderen Autoren wiederfindet, wurden nach Augenzeugenberichten der Seeleute angefertigt. Meerestiere, die ihnen begegnet waren – man denke an meterlange Riemenfische, Riesenottern, Pythons, die sich ins Meer hinauswagten, unbekannte Robben, gigantische Wale, riesenhafte Haie, Rochen und Kalmare – konnten leicht ihre schlimmsten Befürchtungen übertreffen und dadurch phantastische Ausmaße annehmen.

Zweihundert Jahre später berichtet Hans Egede, der protestantische Missionar, der auf Grönland die Eskimos bekehrte, in seinem Reisetagebuch (1734) über die furchterregende Begegnung mit einer riesenhaften, schrecklichen Seeschlange, deren Haupt beim Aufrichten die Mastspitze erreichte. Ihr Rumpf war angeblich drei- bis viermal so lang wie das Schiff. Das Tier hatte eine große Schnauze, runzelige Haut und sprühte wie ein Wal.

1841 ging ein deutscher Professor den norwegischen Seeschlangenerzählungen vor Ort nach, befragte zahlreiche Fischer dazu und erhielt positive Auskünfte über Begegnungen mit dem sagenhaften Tier. Allen Berichten gemeinsam war die Beschreibung der typischen auf- und abwärts gerichteten Bewegungen, großer, glänzender Augen und einer braunen Nackenmähne.

Erzählungen über mysteriöse Seeschlangen gingen aus den verschiedensten Teilen der Welt ein. Dem Kapitän der britischen Fregatte „Daedalus“

begegnete 1848 auf der Fahrt von Indien nach Plymouth am Kap der Guten Hoffnung eine riesige Seeschlange von mindestens 18 Meter Länge. Diese schwamm sehr schnell und hielt den Kopf ständig über Wasser.
Erwähnung finden soll auch das gefälschte Riesenskelett einer Seeschlange, das Dr. Alfred Koch 1845 am Broadway und an anderen Orten ausstellte. Praktischerweise konnte das Skelett – je nach der Größe der Räume – in variabler Länge bis etwa 30 Meter aus den Knochen von fünf Exemplaren einer ausgestorbenen Walart zusammengesetzt werden. Auf diese Weise wurde eine interessierte breite Öffentlichkeit um der Sensation willen getäuscht.

Riesenkraken

Schauerliche Geschichten aus den vergangenen zwei Jahrhunderten berichten, daß an Deck oder in der Takelage arbeitende Seeleute von einem Kraken angegriffen und ins Meer gezogen wurden. In einigen Fällen war eine Rettung möglich, wenn es gelang, den Arm des Kraken abzuschlagen. Sehr bekannt geworden ist das Votivbild eines gigantischen Kopffüßers in der Kapelle St. Thomas in St. Malo, der mit den Armen bis zu den Mastspitzen hin in die Takelage eines Segelschiffes greift. Solche aus unserer Sicht maßlos übertriebenen Darstellungen finden sich auch schon aus älterer Zeit.
Doch nicht nur weit zurückliegende Jahrhunderte brachten furchterregende Berichte über Begegnungen mit den Meeres-Monstern hervor. 1851 stellte Hermann Melville in seinem „Moby Dick“ dem gigantischen Weißen Wal einen monströsen weißen Kraken zur Seite. Bei Jules Verne in „20 000

Angreifendes Walungeheuer führt zum Untergang eines Schiffes.

Mittelalterliche Darstellung einer krakenähnlichen Argonauta. (Beide Abbildungen aus C. Gesner, 16. Jahrhundert)

Meilen unter dem Meer“ (1870) ist der Krake ein bösartiges, abstoßendes Monster. Die Verfilmung von Walt Disney machte aus ihm einen „Killeroktopus“.
Einst hielt man Riesenkraken-Geschichten für reine Phantasieprodukte. Entdeckungen der letzten hundert Jahre haben jedoch überraschenderweise gezeigt, daß sie durchaus auch wahre Elemente enthalten. Es existieren nämlich riesengroße zehnarmige Tiefseekalmare, die der Gattung *Architeuthis* angehören. Sie sind die größten wirbellosen Tiere überhaupt. Ihre Länge beträgt sieben bis zehn Meter (mit Kopf und Armen), mit Tentakeln 20 Meter. Die Augen haben einen Durchmesser von bis zu 40 Zentimetern. Ihr Gewicht erreicht knapp eine Tonne. Überreste dieser Tiere finden sich häufig in Pottwalmägen. Saugnapfnarben an Pottwalen wiesen eine Größe bis zu 20 Zentimeter Durchmesser auf. Der „kleine Bruder“, der Nordische Kalmar (Loligo), wird bis zu 75 Zentimeter lang.
Die achtarmigen Verwandten der Kalmare sind die Kraken oder Oktopoden, die in warmen Gewässern durchaus eine Länge von drei Metern erreichen. Diese friedlichen Gesellen ernähren sich hauptsächlich von Muscheln und Krebsen und stellen keine Gefahr für den Menschen dar.

Wale und Haie

Im 6. Jahrhundert bricht der irische Mönch Brendan mit einem Segelschiff nach Westen auf, um das Paradies zu finden und trifft der Legende nach irgendwann auf eine Insel. Seine Leute gehen an „Land“ und zünden Feuer an. Sicherheitshalber bleibt er auf dem Schiff. Plötzlich beginnt die Insel, sich zu bewegen und unterzutauchen, so

daß die Männer die Flucht ergreifen. Man hatte einen Riesenkraken oder einen ungeheuren Wal für eine Insel gehalten.
Im Gegensatz zu Brendan waren die Küstenbewohner mit der gewaltigen Größe der Wale vertraut, nicht zuletzt wegen der Strandungen der Tiere. So stellt ein Blauwal mit 31 Meter Länge und bis zu 160 Tonnen Gewicht alle anderen Tiere unseres Planeten in den Schatten. Daß er zahnlos ist und Plankton frißt, weiß nicht jeder. Mit 18 Meter Länge ist der Pottwal etwas kleiner. Durch die Bezahnung des riesigen Unterkiefers wirkt er jedoch furchteinflößender.
Ihre enorme Größe hat die Wale schon immer höchst bedrohlich erscheinen lassen. Bereits Olaus Magnus und Conrad Gesner haben im 16. Jahrhundert Illustrationen angefertigt, die diese Bedrohung überzeugend veranschaulichen. Walfänger auf ihren kleinen Harpunenbooten konnten sich einem eventuell angreifenden verwundeten Pottwal schutzlos ausgeliefert sehen. In der Heimat der Walfänger vermitteln die vor ihren Häusern aufgestellten Pottwalkiefer das Bild vom Wal als gigantischem Meeresungeheuer.
Die wohl bekannteste literarische Darstellung des menschlichen Kampfes mit dem Wal bietet der schon erwähnte Hermann Melville in „Moby Dick". Der Weiße Wal gerät dabei zur Personifikation von Bösartigkeit und Hinterlist.
Noch schrecklicher hat man in unserer Zeit die Gefahr durch Haie dargestellt. Der Walhai mit 18 Meter und der Riesenhai mit 14 Meter Länge sind die größten Fische der Welt, jedoch sind beide als Planktonfresser für Menschen ungefährlich. Gefahr kann aber vom Weißen Hai (über 10 Meter lang, 3 Tonnen schwer) ausgehen, der mit rasiermesserscharfen Zähnen Haie, Delphine,

Robben und Fischer zerfleischen kann. Die Filmemacher mußten für ihre Katastrophenfilme jedoch allerlei Tricks anwenden, um ihn wütend genug und als Tötungsmaschine erscheinen zu lassen.

Seejungfrauen

Die Faszination, die von dem Gedanken ausgeht, einer Meerfrau zu begegnen, hat schon manchen ergriffen. Diese Wesen, halb Mensch, halb Fisch, wurden immer wieder an den verschiedensten Küsten gesichtet und beschrieben. Wer zu den Glücklichen gehörte, einer jener betörenden Schönen zu begegnen und ihre Liebe zu gewinnen, der konnte sich freuen. Wer aber ihre Zuneigung zurückwies, dem drohte Unheil.
Diese amphibischen Geschöpfe sind jedoch nicht nur Fabelwesen, aus Seemannsgarn gesponnen, mit dem Seefahrer und Fischer die Reiseberichte ausschmückten, um die Mitwelt neidvoll an ihren abenteuerlichen Erlebnissen teilhaben zu lassen. Schon antike Mythologie und Geschichtsschreibung räumen ihnen einen Platz ein. So sind es junge Meergötter mit Fischschwänzen, die Tritonen, die den Wagen der Aphrodite ziehen. Es ist die Meeresgöttin Ino, die den heldenhaften Odysseus aus rauher See rettet, nachdem ihn Poseidon von seinem Floß gestoßen hat.
Der antike Schriftsteller Plinius spricht mit großer Überzeugung von Seejungfrauen, die für ihn wirklich existierten. In Nordeuropa legt Pontoppidan, der berühmt gewordene Bischof von Bergen, sein großes Interesse an Seejungfrauen schriftlich für die Zeitgenossen und die Nachwelt nieder. Wo eine Meerjungfrau ist, da ist bei ihm auch ein Meermann nicht fern. So unterscheidet er zwischen Hav-manden und Hav-fruen.

Conrad Gesner bereicherte die Hierarchie der Lebenswelt des Meeres in seiner berühmten naturgeschichtlichen Darstellung sogar noch um weitere Gestalten wie den Meermönch, Meerbischof und Meerteufel.

Meermönch (n. C. Gesner)

Eine andere Erscheinung, mehr zum Schmunzeln einladend, waren die sogenannten Jenny Hanivers, die bereits von den großen Naturforschern Gesner und Ulisse Aldrovandi im 16. und 17. Jahrhundert erwähnt wurden. Schon im 18. Jahrhundert bot man sie auf Jahrmärkten erfolgreich an, und auch in manchen Hafenkneipen waren sie zu sehen. Es handelte sich um künstlich hergestellte Präparate aus Objekten, die mit Meerjungfrauen in Verbindung gebracht wurden. Recht skurril muten die Kombinationen von Skeletten kleiner Affen mit getrockneten Fischen an. Andere Jenny Hanivers bestanden aus präparierten, getrockneten Geigenrochen. Man machte sich dabei zunutze, daß die Nasenöffnungen, die bei Rochen auf der Bauchseite liegen, ein wenig wie Augen aussehen können. Die Stelle, die den Hals markieren sollte, wurde etwas eingeschnürt. Außerdem wurden die Flossen eingeschnitten, so daß sie Flügeln ähnelten. Auf diese Weise entstanden Trockenpräparate, die geschickte Händler mit Geschäftssinn wie Meerjungfrauen erscheinen ließen, so daß der Handel mit ihnen blühte.
Fragt man sich, wer für das Bild der Seejungfrau Pate gestanden haben könnte, so lautet die Antwort: wahrscheinlich eine Seekuh *(Sirene)*. Auch Kolumbus glaubte, die legendären Seejungfrauen vor sich zu haben, als er die karibischen Rundschwanzseekühe *(Manatis)* sichtete. Zwar haben diese nur eine sehr entfernte Ähnlichkeit mit menschlichen Wesen. Aber wenn sie aus dem Wasser schauen, um zu atmen, fallen die spärli-

Oben: Der Meerteufel und in seinem Gefolge die anderen Meeresungeheuer stehen für die bedrohenden, übernatürlich wirkenden Kräfte des Meeres. Rechts: Der Meerbischof versinnbildlicht die ordnende Hand des Menschen bzw. der Kirche. (Beide Abbildungen aus C. Gesner, 16. Jahrhundert)

Gegenüberliegende Seite: Diese kleine Seejungfrau begrüßte schon viele aus der Nordsee kommende Schiffe. Sie sitzt auf einem großen Findling vor der Küste Kopenhagens. Der Künstler Edvard Eriksen hat die 1913 aufgestellte Bronzestatue geschaffen. Sie erinnert an das Märchen gleichen Namens von dem großen dänischen Erzähler Hans Christian Andersen.

chen langen Barthaare auf, und wenn man Glück hat, sieht man auch ihre Zitzen. Meist halten sich diese plumpen, rauhhäutigen Wesen mit dem abgerundeten, paddelförmigen Schwanz und den rundlichen Flossen im Wasser auf und ernähren sich von Wasserpflanzen.

Ein naher Verwandter dieser karibischen, südamerikanischen und afrikanischen *Manatis* ist der pazifische Dugong. Vor gut zwei Jahrhunderten lebte noch eine weitere stattliche Seekuhart von neun Meter Länge auf den Aleuten-Inseln, die Stellersche Seekuh. Kurze Zeit nach ihrer genauen Beschreibung war sie schon durch Seebärenjäger ausgerottet.

Nicht nur frühere Generationen reizte der Gedanke an Seejungfrauen. Auch der Mensch von heute wird zuweilen gerührt. Wer erinnert sich bei dem Gedanken an eine Seejungfrau nicht an Hans Christian Andersens berühmtes Märchen von der „kleinen Seejungfrau“, welcher am Hafen von Kopenhagen sogar ein Denkmal gesetzt worden ist.

Ein ganzes Volk trauerte, als vor einigen Jahren ein Amokläufer der berühmten Bronzestatue „Den Lille Havfrue“ am Hafen von Kopenhagen den Kopf abgeschlagen hatte, und sehnte die Wiederherstellung herbei. Nur ein Zeichen dafür, daß der Mythos von der schönen, betörenden Seejungfrau nach wie vor lebendig ist.

Die Nordsee als Schiffahrtsweg

Hans-Peter Heesch

Die Deutsche Bucht – ein Teilgebiet der Nordsee – befahren jährlich etwa 80 000 Schiffe. Damit ist sie eines der am stärksten von Seeschiffen befahrenen Gewässer überhaupt. Die Hauptverkehrsströme verlaufen entlang der ostfriesischen Küste von der niederländischen Grenze bis zur Elbe in West-Ost-Richtung auf zwei getrennten Wegen. Von der Elbe zur dänischen Grenze entlang den nordfriesischen Inseln bewegt sich der Verkehr in Nord-Süd-Richtung ohne festgelegte Schiffahrtswege. Von diesen Schiffahrtsstraßen zweigen die Wege zu den Flüssen ab – zur Ems mit den Häfen Emden, Leer und Papenburg, zur Jade mit dem Hafen Wilhelmshaven, zur Weser mit den Häfen Bremerhaven, Nordenham, Brake, Elsfleth und Bremen sowie zur Elbe mit den Häfen Cuxhaven, Brunsbüttel, Stadersand-Bützfleth, Wedel und Hamburg einschließlich der Zufahrt zum Nord-Ostsee-Kanal.

Verkehrsaufkommen

Der Verkehr zu den Ostfriesischen Inseln und zur schleswig-holsteinischen Westküste hat nicht den Stellenwert wie der zu den Haupthäfen an Elbe und Weser. Eine untergeordnete Rolle spielen auch der Transitverkehr durch die Deutsche Bucht – vom Englischen Kanal und den Benelux-Häfen zu den dänischen und norwegischen Westküstenhäfen – sowie das Anlaufen der Ostsee über das Skagerrak und Kattegat.
Nicht zu unterschätzen ist hingegen die Fischerei in der Nordsee und der Deutschen Bucht. Sie wird das ganze Jahr über betrieben.
In der Sommerzeit steigt das Verkehrsaufkommen durch den Ausflugsverkehr zu den Nord- und Ostfriesischen Inseln sowie zur Insel Helgoland

und durch die Sportschiffahrt in der Deutschen Bucht stark an.
In der Deutschen Bucht sind alle Schiffstypen anzutreffen. Zu ihnen zählen Container- und Stückgutschiffe, Roll-on-Roll-off-Schiffe, Massengutfrachter für feste Güter (z. B. Erz, Getreide) und für flüssige Güter (z. B. Gase, Chemikalien, Erdöl und Erdölprodukte), Fahrgast- und Küstenmotorschiffe für unterschiedliche Zweckbestimmungen und Hochgeschwindigkeitsfahrzeuge.
Wie überall spielt der Zeitfaktor heute eine beherrschendere Rolle. Die Schiffe wurden nicht nur schneller, sondern im Durchschnitt auch größer. Diese Entwicklung ist bei den Containerschiffen am besten zu beobachten. Ende der 60er Jahre wurden die Containerschiffe der ersten Generation in Dienst gestellt. Sie faßten 1000 Standardcontainer mit einer Länge von ca. sechs Metern, genauer: 20 englischen Fuß, im Fachkürzel TEU (Twenty-Feet-Equivalent Unit) genannt.
Heute verkehren Fahrzeuge der fünften Generation mit über 7000 TEU! Die Geschwindigkeit der ersten Generation betrug etwa 18 kn (Knoten = Seemeilen pro Stunde), d. h. ca. 33 Kilometer pro Stunde, die der heutigen liegt bei bis zu 25 kn (46 Kilometer pro Stunde) und mehr.
Die Fahrgastschiffahrt – vor allem die für Tagesausflüge – setzt ebenfalls auf hohes Tempo. Hochgeschwindigkeitsfahrzeuge – sogenannte High-Speed-Crafts (HSC) –, die eine Geschwindigkeit von weit über 30 kn (55 Kilometer pro Stunde) erzielen, werden neuerdings für Tagesausflugsfahrten zu den Ost- und Nordfriesischen Inseln und nach Helgoland eingesetzt. Zur Entlastung der Straßen verkehren inzwischen sogar Hochgeschwindigkeitsfahrzeuge im Berufspendelverkehr auf der Elbe von Stadersand nach Hamburg.

Folgende Doppelseite: Die englische Seekarte aus dem ausgehenden Mittelalter zeigt die deutschen Küstengewässer von der Wesermündung und der ostfriesischen Insel Wangerooge (rechts) bis zu der nordfriesischen Insel Sylt und Tondern auf dem Festland (links).

Thus appeareth the Ile of Silt when you beare in right before it
Thus openeth the Ysle of Ame lieth right before you
A DESCRIPTION OF THE
Sea coastes of Eyder Ditmersi & a part of Jeuer land with the Rivers of Wesee, Elue, Eyder, Heuer, and other entrees, sandes and shoaldes, lienge alongest thes sea coaste of Germany.
EYDER
STE
STRANDT FRIESEN
Luike Tonderen
Luem
Ditsbyl
Bopbum
Hadstedt
Huysum
Tonninghen
Coetenghe
Vlecke horn
Westerbeuer
Gartingen
Tatinghen
S. Peter
Ees
STRANDT
Habel
Fux
VOOREN
AMEREN
SILT
LIST
Ture sand
Smale diep
Noorder ooch
Suyder ooch
Wester heuer
Noordt balch
Suydt balch
Vysschers gatt
Ameren born
Troode diep
Rot Klyff
Land diep
Ruff
OCEANI
SEPTENTRIO
GERMANICI

when it
In this manner appeareth the land of Ditmers
when you goe up the Riuer of Elue
After this fo
coast of Hael
Brunsbuttel
MERS
Mildorp
Noorthusen
Baerlt
Romerne
Albis fluuius
Vrckmeert
LA
Aterdorp
Olde woorden
Wesselen boeren
Tflacke
Roemedet sant
Buysen
vlacke strom
Tervoert
Olde brouck
Groey
Ritzebuttel
HAEL
Huiden
Nieuwe gronden
Wedwardt
Misselwaerde
Noordt gronden
Keelken Tnieuwe warck
De Eyder
De Elue stir
Lanett diep
De blauwe oordt
De Weser
De Lat
ORIENS
MERIDIES
Mysste plaet
De Weser
Scholners huech
Holly land
P
ARS
OCCIDENS
Englishe Leagues 20 in a degree
Spanishe leagues 17½ in a degree
Dutch leagues 15 in a degree

Gegenüberliegende Seite: Als Beispiel für ein Feuerschiff älterer Bauart kann diese detailgetreue Darstellung des Feuerschiffs FLENSBURG gelten. Das Schiff, erbaut im Jahre 1910, lag auf der Position 9 Grad, 53 Minuten Ost und 54 Grad und 50 Minuten Nord.

Sicherheit des Schiffsverkehrs

Nicht nur in der Deutschen Bucht, sondern auch auf allen anderen nationalen und internationalen Gewässern, auf denen Seeschiffsverkehr stattfindet, muß dieser sicher gestaltet werden. Dazu bedarf es einheitlicher internationaler Vorschriften. Diese gibt es in der Form der Internationalen Regeln von 1972 zur Verhütung von Kollisionen auf See, Kollisionsverhütungsregeln genannt. Die Kollisionsverhütungsregeln, die bereits im vorigen Jahrhundert entstanden, werden durch die IMO (Internationale Seeschiffahrts-Organisation), eine Unterorganisation der Vereinten Nationen, ständig auf dem neuesten Stand gehalten.

Für die Bundesrepublik Deutschland gilt außerdem für alle Schiffahrtsstraßen – soweit sie innerhalb der Hoheitsgewässer liegen – die Seeschiffahrtsstraßen-Ordnung.

Eine weitere Maßnahme für einen sicheren Verkehr ist die Entzerrung der Schiffahrt. Dies ist für die Deutsche Bucht und für die Ansteuerung der Elbe und Jade durch die Einrichtung von Verkehrstrennungsgebieten erreicht worden. Es sind mit Trennzonen oder Trennlinien versehene Wasserflächen, die mit Schiffahrtszeichen bezeichnet sein können. In den Verkehrsgebieten darf nur jeweils in Fahrtrichtung rechts mit gehörigem Abstand zur Trennzone bzw. Trennlinie gefahren werden. Das Queren ist möglichst zu vermeiden. Falls es doch erforderlich ist, muß dies mit der Kielrichtung im rechten Winkel zur allgemeinen Verkehrsrichtung geschehen.

Darüber hinaus wurden von der IMO empfohlene Routen zur Ansteuerung von Weser/Jade und Elbe festgelegt. Verkehrstrennungsgebiete und empfohlene Routen sind in den Seekarten, die ein jedes

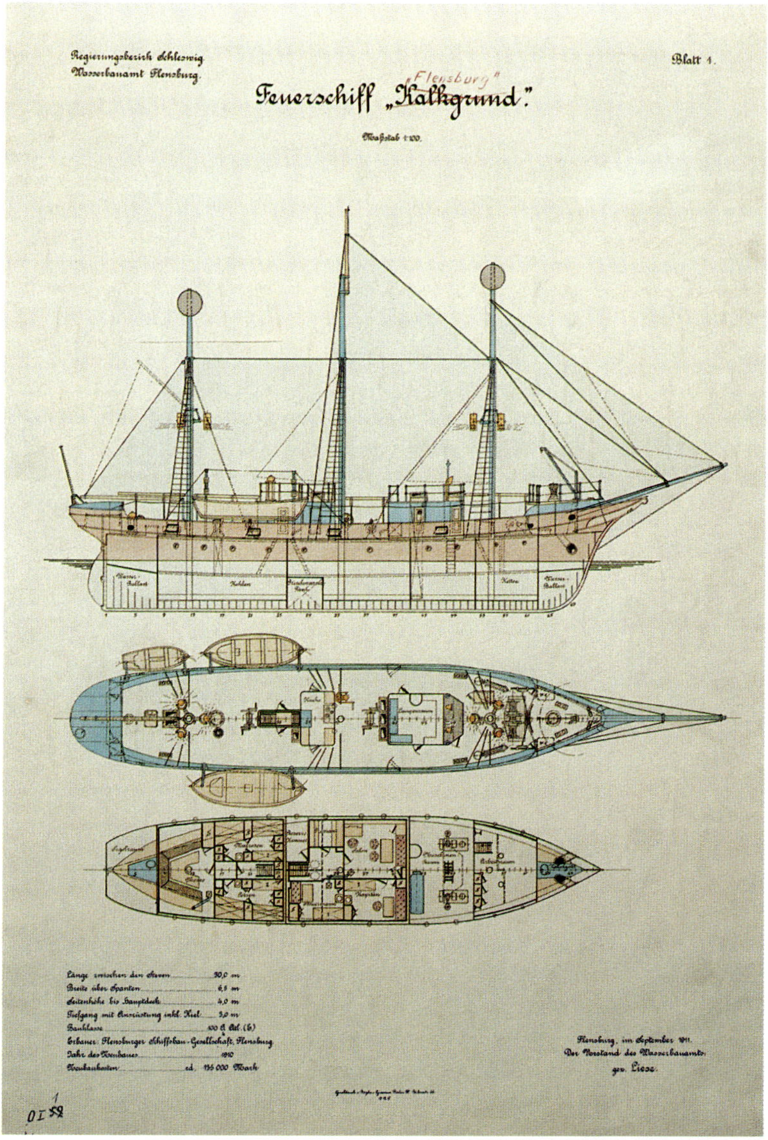

Regierungsbezirk Schleswig.
Wasserbauamt Flensburg.
Blatt 1.
Feuerschiff „Kalkgrund".
„Flensburg"
Maßstab 1:100.
Länge zwischen den Steven 30,0 m
Breite über Spanten 6,5 m
Seitenhöhe bis Hauptdeck 4,0 m
Tiefgang mit Ausrüstung inkl. Kiel 3,0 m
Bauklasse 100 A Atl. (b)
Erbauer: Flensburger Schiffsbau-Gesellschaft, Flensburg
Jahr des Neubaues 1910
Neubaukosten rd. 135 000 Mark
Flensburg, im September 1911.
Der Vorstand des Wasserbauamts:
gez. Liese.

Gegenüberliegende Seite: Das Feuerschiff ELBE 1 trägt eigentlich den Namen BÜRGERMEISTER O'SWALD, während ELBE 1 strenggenommen nur die Position des Schiffes markierte. Das in den ersten Nachkriegsjahren fertiggestellte Schiff wurde 1988 durch ein unbemanntes ersetzt und liegt seitdem als Museumsschiff in Cuxhaven. Weit draußen in der Elbmündung gelegen, wurde es für die ankommenden Schiffe zum Wahrzeichen der Annäherung an die Hafenstadt Hamburg.

Schiff an Bord mitführen muß, eingetragen. Die Schiffs- und Bootsführungen haben somit zu jeder Zeit die erforderliche Orientierungshilfe.
Nach dem Zweiten Weltkrieg waren die Deutsche Bucht und die angrenzenden Reviere vermint. Um diese Gewässer und Wasserstraßen überhaupt wieder befahrbar zu machen, mußte Minensuche betrieben werden. Zunächst wurden die gefährdeten Gebiete abgesucht und der Schiffahrt schon geräumte Wege bekanntgegeben. Weil vor einem Abweichen dringend gewarnt wurde, bezeichneten die Nautiker sie kurz als Zwangswege. Aus diesen Zwangswegen entwickelten sich später der „küstennahe" Schiffahrtsweg und der „küstenferne" Tiefwasserweg. Auf Vorschlag der Bundesrepublik Deutschland hat die IMO beide Wege Mitte der 70er Jahre zu Verkehrstrennungsgebieten (VTG) erklärt und als verbindlich festgelegt. Der küstennahe Schiffahrtsweg in der Deutschen Bucht heißt nunmehr Verkehrstrennungsgebiet „Terschelling-German Bight" und der küstenferne Tiefwasserweg „German-Bight-Western-Approach". Beide Bereiche haben vor der niederländischen Küste Anschluß an die dortigen Verkehrstrennungsgebiete und führen zum Teil bis in den Englischen Kanal. Östlich der beiden vorgenannten Gebiete zur Jade-Ansteuerung und östlich des – unbemannten – Feuerschiffs „Elbe" bis zum Beginn des Elbfahrwassers sind ebenfalls Verkehrstrennungsgebiete eingerichtet worden.
Zur Gewährleistung eines sicheren Verkehrs ist auch ein gut funktionierendes Lotsenwesen erforderlich. Bei Eintritt in das Revier – also in die Flußmündungen von Ems, Jade, Weser und Elbe – sind alle Schiffe, die gefährliche oder umweltschädliche Güter als Massengut befördern und Schiffe über 90 Meter Länge und 13 Meter Breite

ELBE 1
BÜRGERMEISTER O'SWALD
CUXHAVEN

Gegenüberliegende Seite: Die Radarstation Neuwerk gehört zum „Sicherungs-Schiffahrtsweg Deutsche Bucht" und trägt zur durchgehenden Überwachung des Schiffsverkehrs von der Deutschen Bucht bis in den Hamburger Hafen bei.

zur Aufnahme eines Seelotsen verpflichtet. Für größere Tankschiffe und Massengutschiffe sowie außergewöhnlich große Fahrzeuge, die zur Jade, Weser oder Elbe bestimmt sind, besteht bereits eine Lotsenannahmepflicht beim Feuerschiff „GB" (Deutsche Bucht). Das An-Bord-Bringen bzw. Von-Bord-Holen eines Seelotsen erfolgt in den Flußmündungen mit einem Versetzboot. Bei Feuerschiff „GB" wird die Lotsenversetzung entweder mit einem großen schnellen Fahrzeug von Helgoland aus oder mit einem Hubschrauber vom Festland her vorgenommen. Der Seelotse soll als Ortskundiger die Schiffsführung mit allen revierspezifischen Informationen versehen, um so eine sichere Fahrt des Schiffs zu ermöglichen. Er dient als Berater der Schiffsführung.

Die Verkehrsüberwachung

Als Folge des stark anwachsenden Schiffsverkehrs Ende der 50er und Anfang der 60er Jahre wurde der Schiffahrt neben den traditionellen Schiffahrtszeichen ein weiteres landseitiges Hilfsmittel für eine sichere Navigation durch die WSV (Wasser- und Schiffahrtsverwaltung des Bundes) zur Verfügung gestellt, die Radarberatung. Durch sie wird die Schiffahrt im Bedarfsfall bei Nebel und schlechter Sicht, bei Eisgang, wenn Tonnen eingezogen oder vertrieben sind, bei Sturm, wenn die Lotsenstationsschiffe auf geschützten Innenpositionen liegen, sowie in anderen Ausnahmefällen mit Informationen für eine sichere Navigation versorgt.

Das Bordradar bietet nur eine Sicht aus der Froschperspektive. Die Radarzentralen dagegen erfassen einen größeren Streckenabschnitt mit seinem Verkehrsgeschehen. Eine darauf aufbauende

Beratung vermittelt dem Schiff ein Bild aus einer eingeschränkten Vogelperspektive.
Die Radarzentralen wurden 1965 für die Reviere Elbe und Weser, 1971 für die Ems und 1982 für die Jade und die Deutsche Bucht in Betrieb genommen. Für die Elbe und die Weser sind sie zwischenzeitlich bereits erneuert worden.
Aus den früheren Radarzentralen sind heute Verkehrszentralen geworden, die neben den schon früher gegebenen Informationen nun auch Hinweise und Warnungen weitergeben sowie eine Verkehrsunterstützung der Schiffahrt bieten. Um all diesen Aufgaben gerecht zu werden, bedarf es eines ausgeklügelten Meldesystems. Über festgelegte UKW-Sprechwege müssen die Schiffe von bestimmten Meldepunkten aus alle für die Fahrt wichtigen Daten an die Verkehrszentralen übermitteln. Diese Daten werden elektronisch erfaßt und weiterverarbeitet. Hierdurch sind die Verkehrszentralen permanent über das gesamte Verkehrsgeschehen informiert. So können sich anbahnende gefahrenträchtige Situationen von vornherein etwa durch schiffahrtspolizeiliche Eingriffe vermieden werden.
Aufgrund ihres Tiefgangs können nicht alle Schiffe die angrenzenden Reviere tideunabhängig befahren. Für Ems, Jade, Weser und Elbe sind Höchsttiefgänge festgelegt worden. Wird dieser Wert erreicht oder überschritten, ist nur noch ein tideabhängiges Fahren mit der Flutwelle möglich. Um den richtigen Abfahrtszeitpunkt für die tideabhängige Fahrt abwarten zu können, müssen der Schiffahrt Wartereeden (Liegeplätze auf See) zur Verfügung gestellt werden, denn ohne gut nutzbare Reeden ist ein sicherer Schiffsverkehr nicht möglich. In der Deutschen Bucht stehen hierfür eine Tiefwasserreede südlich des Feuerschiffs

„GB“ und die Außenelbe-Reede beim Feuerschiff „Elbe“ zur Verfügung.

Einsatzkräfte bei Unfällen

Die Sicherheit des Schiffsverkehrs muß auch schiffahrtspolizeilich unterstützt werden. Auf den Gewässern im Hoheitsgebiet nehmen die Wasserschutzpolizeien der Küstenländer und die Stellen der Wasser- und Schiffahrtsverwaltung des Bundes diese Aufgabe wahr. Außerhalb des bundesdeutschen Hoheitsgebiets erledigen diese Aufgaben die Wasser- und Schiffahrtsverwaltung des Bundes (WSV), der Bundesgrenzschutz (BGS), der Zoll und die Fischereiaufsicht. Die Koordinierung der Aufgaben und der Einsätze der seegehenden Fahrzeuge von WSV, BGS, Zoll und Fischerei erfolgt im Küstenwachzentrum Nordsee in Cuxhaven. Auch dem Umweltschutz auf dem Wasser wird Rechnung getragen. Zwei speziell ausgerüstete Flugzeuge überfliegen in unregelmäßigen Abständen am Tage und in der Nacht die Deutsche Bucht. Bei Feststellung einer Umweltverschmutzung – überwiegend durch Ölrückstände – wird eines der Schiffe der vier oben erwähnten Bundesbehörden zur Probeentnahme abgestellt, um möglichst den Verursacher festzustellen. Ungeachtet aller guten Sicherheitsvorkehrungen wird ein Unfall nicht immer zu vermeiden sein. Um den Folgen eines Unfalls – besonders wenn gefährliche oder umweltschädliche Güter daran beteiligt sind – wirksam entgegentreten zu können, sind ausgefeilte Alarmpläne für eine effektive Zusammenarbeit aller Einsatzkräfte unerläßlich. Solche Alarmpläne liegen vor. Neben ihren Koordinationsaufgaben hält die WSV in der Deutschen Bucht für die Vorbeugung und Bekämpfung von

Schadstoffunfällen die Mehrzweckfahrzeuge „Mellum" und „Neuwerk" bereit. Diese sind auch in der Lage, andere Fahrzeuge – vor allem größere Tankschiffe – abzuschleppen. Darüber hinaus hat die Bundesrepublik Deutschland den Hochseeschlepper „Oceanic" mit einem Pfahlzug von 170 to gechartert. Dadurch soll ein Stranden bzw. Auflaufen von Fahrzeugen von vornherein vereitelt werden.
Auch wenn die Öffentlichkeit im Herbst 1998 durch die Havarie der „Pallas" vor der schleswig-holsteinischen Westküste aufgeschreckt worden ist, sind in der Vergangenheit die Deutsche Bucht und die angrenzenden Reviere von größeren spektakulären Unfällen, vergleichbar denen an den englischen und französischen Küsten, verschont geblieben. Die getroffenen Schutzmaßnahmen haben sich als geeignet erwiesen. Um die Sicherheit des Verkehrs auch weiterhin zu gewährleisten, werden diese Vorkehrungen ständig verbessert.

Der Seenotrettungskreuzer ALFRIED KRUPP mit Tochterboot bei einer Übungsfahrt. Das Schiff hat eine Länge von 27,5 Metern und einen Tiefgang von 1,65 Metern.

Leuchttürme und andere Seezeichen

Uwe Schnall

Gebahnte Landwege und Binnenwasserstraßen lassen sich in der Regel von jedem Fahrer oder Schiffer leicht wiederfinden und vielfach benutzen, selbst wenn der Zustand von Straßen und Flüssen zu wünschen übrig läßt: Fahrspuren und Ufer markieren seit alters her die festgelegten Verkehrswege. Auf See ist die Situation völlig anders. Schon die Weisheit Salomos, Kapitel 5, Vers 9–10 formuliert: „Es ist alles dahingefahren wie ein Schatten und wie ein Geschrei, das vorüberfährt; wie ein Schiff auf den Wasserwogen dahinläuft, von welchem man, so es vorüber ist, keine Spur finden kann noch seine Bahn in der Flut." Nicht auf der Wasseroberfläche selbst sind die Wegmarken zu finden, der Schiffer braucht andere Anhaltspunkte.

Die Fahrt mit Hilfe von Landmarken

Kein Wunder, daß in älteren Zeiten selbst längere Schiffsreisen auf See nach Möglichkeit am Ufer entlangführten, auch wenn das unter Umständen große Umwege bedeuten mochte. Der norwegische Navigationshistoriker Roald Morcken hat sehr überzeugend dargelegt, wie auf solchen Küstenfahrten navigatorische Anhaltspunkte gewonnen werden konnten: „Wenn ein Seemann an einer Küste entlangfährt, ist es beinah unumgänglich, daß er auf verschiedene topographische Formationen achtet, die er auf seinem Wege antrifft. Ist er zum ersten Mal in der Gegend, sind die Beobachtungen bei späteren Besuchen brauchbar, und ist er schon früher dort gewesen, nickt er wiedererkennend, wenn er auf diese Weise seine Position bestimmen kann. Sich an jedes einzelne Detail einer Küste entlang zu erinnern, ist schwierig und auch nicht nötig. Allmählich sind dann

„Pharos“ gilt als der älteste Leuchtturm der Welt. Er war über 100 Meter hoch und wurde etwa 300 Jahre v. Chr. von den Ägyptern im Nil-Delta auf der Insel Pharos vor Alexandria erbaut. In der Antike galt er als das Siebente Weltwunder. Nach einem Kupferstich von L. Friese (1819)

markante Punkte im Gedächtnis haften geblieben. Wenn der Vater dem Sohne sagen konnte, wenn du so und so viele Tage in die und die Richtung ruderst oder segelst, dann triffst du auf das und das Zeichen – so war damit die erste ‚Segelanweisung' geschaffen. Das ganze ist so logisch, daß man wohl glauben darf, daß der Gebrauch von natürlichen Seezeichen genau so alt ist wie das Boot und das Schiff."

Das Navigieren nach solchen natürlichen Seezeichen wurde in der Wikingerzeit sogar von der Küsten- auf die Hochseefahrt übertragen, da andere Mittel zur Positions- und Kursbestimmung praktisch nicht zur Verfügung standen. Eine berühmt gewordene Segelanweisung für die Fahrt von Norwegen nach Grönland, überliefert in dem „Landnámabók", dem Besiedelungsbuch Islands, zieht solche Marken heran, wenn sie formuliert: „Von Hernar in Norwegen (d. i. nahe dem heutigen Bergen) soll man rechtwest nach Hvarf auf Grönland segeln, und dabei wird so weit nördlich der Shetlands gesegelt, daß diese nur dann eben zu sehen sind, wenn die Sicht sehr gut ist, und so weit südlich der Färöer, daß die See bis zur Mitte der Berge reicht, und so weit südlich Islands, daß man von dort Vögel und Wale bemerkt."

An den niederländischen, deutschen und dänischen Küsten der Nordsee ist die Situation für den Seemann ungleich schwieriger als vor der norwegischen Küste oder den gebirgigen Nordmeer-Inseln. Die Küsten der Deutschen Bucht sind zwar gegliedert, ihnen fehlen aber weit von See aus erkennbare charakteristische Landmarken. Dabei ist hier wegen der häufig geringen Wassertiefen über den vielen Sänden und Flachs, der oft verschlungenen Fahrrinnen und des Einflusses der Gezeiten auf die Wasserstände eine gewissenhafte und genaue Navigation besonders wichtig. So darf man mit Sicherheit davon ausgehen, daß die Schiffer an den Nordseeküsten jeden nur möglichen Anhaltspunkt für ihre Navigation nutzten. Sie werden schon Jahrhunderte, bevor uns Nachrichten überliefert sind, in ihrem Fahrtgebiet beispielsweise die unterschiedlichen Silhouetten der friesischen Inseln gekannt haben, obwohl Vertonungen, d. h. gezeichnete und gedruckte Silhouetten von Küsten und Inseln, erst seit der ersten Hälfte des 16. Jahrhunderts für diese Gegenden existieren. Zunächst waren es natürliche Gegebenheiten wie Küstenformationen, Flußmündungen, Inseln, aber auch Bäume und Baumgruppen, die die notwendigen Anhaltspunkte für die Positionsbestimmung lieferten. Seit dem Mittelalter spielten aber auch markante Bauwerke wie Mühlen, Türme und Kirchen eine wichtige Rolle als Peilpunkte, an der Wesermündung z. B. die Kirche von Blexen, das älteste erhaltene „Seezeichen" an der deutschen Nordseeküste; an der Elbmündung der 1300 bis 1310 errichtete Turm von Neuwerk und das turmartige Schloß Ritzebüttel im heutigen Cuxhaven. Wenn an den Nordseeküsten die Dimensionen der seenahen Kirchen auch erheblich bescheidener sind als die gewaltigen Kirchen der hansischen Stadtgründungen an der Ostseeküste, deren Turmhöhen von häufig mehr als 100 Metern mit ihrer Sekundärfunktion als Seezeichen erklärt werden, so haben sie doch den Schiffern als Peilpunkte dienen können.

Ein besonders schönes Beispiel für diese Funktion liefert eine Reihe von gut datierbaren Tuffsteinkirchen an der nordfriesischen Küste, die allesamt im 12. Jahrhundert erbaut wurden. Es sind dies die Keitumer Kirche auf Sylt, die Nieblumer auf Föhr, die Alte Kirche auf Pellworm sowie die Tatinger

Der Turm der Keitumer Kirche gilt bis heute als Seezeichen. Wie viele andere romanische Kirchen hat auch sie ein einfaches Satteldach. Sah der Seefahrer den Turmgiebel als Dreieck, wußte er, daß er genau im Osten oder Westen der Kirche war. Sah er ihn als Viereck, also den gesamten Turm als Rechteck, so befand er sich im Süden oder Norden. So erleichterte die Form des Turms die Navigation.

Kirche auf Eiderstedt. Sie stehen fast exakt auf Luftlinie, so daß mit ihrer Hilfe Peillinien gezogen werden können.
Die Errichtung von Seezeichen im eigentlichen Sinne, also von Konstruktionen, die allein dem Seefahrenden von Nutzen sind, beginnt an den deutschen Nordseeküsten relativ spät, später jedenfalls als an den Kanalküsten Englands und der Niederlande, später auch als an der Ostsee.

Baken und Tonnen

Grundsätzlich ist zwischen landfesten Seezeichen, den Baken, und schwimmenden, den Tonnen – von Binnenländern Bojen genannt –, zu unterscheiden. Tonnen sind durch Ketten mit einem schweren Stein, dem Tonnenstein, verbunden, der auf dem Boden ruht und sie einigermaßen ortsfest hält. Baken zeigen sehr unterschiedliche Formen: Zu den einfachsten Mitteln, Fahrwasser zu kennzeichnen, zählen die Pricken, kleine schlanke Bäume oder Äste, die am Fahrwasserrand in den Boden gesteckt werden. Noch heute werden vor allem die Wattenfahrwasser, also die Routen zwischen der Festlandküste und den vorgelagerten Inseln, „ausgeprickt". Obwohl an den deutschen Nordseeküsten erst ab dem 18. Jahrhundert erwähnt, gab es diese zwar wenig haltbare, doch billig zu erneuernde Kennzeichnung sicher schon wesentlich früher. In den Niederlanden, deren Einfluß auf die deutschen Küsten kaum überschätzt werden kann, werden Pricken bereits Anfang des 15. Jahrhunderts erwähnt.
In den deutschen Revieren waren in der ersten Zeit der Errichtung von Seezeichen Kopfbaken am verbreitetsten, also simple Stangenkonstruktionen mit charakteristischen Kopfzeichen. Aber

Der Tonnenhof in Tönning. Hier werden die Tonnen, die beschädigt sind oder einen neuen Anstrich benötigen, von Grund auf überholt, bevor sie wieder an ihrer alten Position verankert werden.

auch sie sind an den deutschen Nordseeküsten erst ab der Mitte des 15. Jahrhunderts nachweisbar, obwohl sie in der Ostsee – bei Warnemünde – und im niederländischen Rheinmündungsgebiet bereits im 13. Jahrhundert bekannt waren. Herstellung und Unterhaltung solcher Kopfbaken waren recht aufwendig, und so vermehrte sich ihre Zahl nur sehr langsam. Auf der gesamten Unterelbe etwa gab es Ende des 15. Jahrhunderts ganze sechs Kopfbaken, auf der Ems fünf und auf der Unterweser sieben.
Heute versteht man unter „Bake“ in erster Linie ein hohes, oft kompliziert konstruiertes Balkengerüst zur Kennzeichnung wichtiger Peilpunkte, jedoch handelt es sich hierbei um eine Unterart der Baken, die ursprünglich Kape genannt wurde. Solche Konstruktionen waren natürlich besonders aufwendig und teuer und dementsprechend selten. Auch hier ging die Ostseeschiffahrt voran: Auf Betreiben Lübecks wurde erstmals zu Beginn des 13. Jahrhunderts auf Falsterbo eine solche Kape errichtet, um den wegen des Falsterboriffs so gefährlichen Eingang in den Öresund zu sichern. Außerdem fand vor Falsterbo der berühmte Schonenheringsfang statt, auf dem zu einem guten Teil die Wohlfahrt der Hanse beruhte.
An der Nordseeküste wurde zum ersten Mal 1410 von der Hansestadt Bremen auf der Mellumplate in der Wesermündung eine Kape errichtet; um 1470 baute Hamburg bei Cuxhaven die Ros-Bake, die mit ihren 39 Meter Höhe im 18. Jahrhundert die größte deutsche Kape war. Mitte des 16. Jahrhunderts folgten mehrere Kapen zur Bezeichnung der Fahrwasser nach Emden und zwei für das sichere Einsegeln in den Helgoländer Hafen. Die frühesten Kapen an der schleswig-holsteinischen Westküste datieren vom Beginn des

Gegenüberliegende Seite: Die ca. 29 Meter hohe Kugelbake von Cuxhaven steht am Ende einer in die Elbe reichenden Mole und gilt als Wahrzeichen der Stadt. Vermutlich 1718 nach der großen Weihnachtsflut wurde das nautische Seezeichen erstmals errichtet und zeigt weithin sichtbar den Beginn des offenen Meeres an.

17. Jahrhunderts, und auf das Jahr 1703 geht die Errichtung der heute bekanntesten deutschen Kape zurück, der Kugelbake in Cuxhaven.
Dort, wo die naturräumlichen Gegebenheiten eine Aufstellung landfester Seezeichen nicht zuließen, wurden ab dem 15. Jahrhundert schwimmende Seezeichen, Tonnen, ausgelegt, wenn die Sicherheit der Schiffahrt dies unbedingt verlangte. Ihr Unterhalt war eine kostspielige Angelegenheit, für die die großen Seestädte besondere Ämter mit speziellen Schiffen einrichten mußten! Die Tonnen waren wiederum eine niederländische Entwicklung – schon 1358 legte man im Maasgatt und in der Zuiderzee Tonnen aus –, die an Weser und Elbe übernommen wurde. Ihre Zahl vermehrte sich schnell. Sind für das 15. Jahrhundert nur zwei Tonnen für die Wesermündung und zwei bis drei für die Elbmündung nachzuweisen, so wuchs ihre Anzahl bis 1585 auf 13 in der Emsmündung, 15 in der Wesermündung, 13 in der Elbmündung, eine in der Eider und zwei in der Hever. Eine besonders attraktive und aussagestarke Darstellung von Baken und Tonnen gibt die überformatige, zwölf Meter lange Karte der Unterelbe, die Melchior Lorichs 1568 im Auftrage des Hamburger Senats erarbeitete.
Ein ständiger Begleiter in der frühen Schiffahrt war das schon in der Antike bekannte Lot, mit dessen Hilfe man die Tiefe maß. Kompasse kamen im westlichen Europa wohl erst um 1200 in der Gegend des Englischen Kanals auf. In der Nordsee wurden sie wahrscheinlich erst im 15. Jahrhundert verwendet. Magnetkompasse besitzen den großen Nachteil, daß sich ihre Nadeln nicht nach dem Gradnetz der Erde richten, sondern nach dem geomagnetischen Feld. Deshalb muß der Seemann eine „Mißweisung“ berücksichtigen,

denn er fährt nach gradnetz-gebundenen Karten. So war die Erfindung und Herstellung des Kreiselkompasses durch Hermann Anschütz-Kaempfe in Kiel um 1900 ein bedeutender Schritt in der Navigationsgeschichte, denn Kreiselkompasse kennen keine Mißweisung. Mit Hilfe der Kreiselkompasse und elektronischer Leitsysteme können die Tonnen heutzutage sehr genau angesteuert werden.

Leuchtfeuer

All die bisher genannten Seezeichen sind Tagessichtzeichen, die in der Dämmerung und vor allem nachts praktisch nutzlos waren. Für das sichere Navigieren in der Dunkelheit – und die an den Nordseeküsten zu bewältigenden Strecken gestatteten durchaus nicht immer, abends einen Landeplatz aufzusuchen – war daher die Befeuerung von Seezeichen ein großer Schritt vorwärts. Um so befremdlicher erscheint es uns heute, daß diese Entwicklung an den Nordseeküsten ein paar Jahrhunderte lang verschlafen wurde. Erst 1624 wurde – versuchsweise und erfolglos – ein Leuchtfeuer im Seeturm von Wangerooge entzündet. Eine ständige Befeuerung begann 1630 auf Helgoland, 1631 wiederum auf Wangerooge und 1644 auf Neuwerk. Die Emsmündung gar erhielt erst 1780 das erste Leuchtfeuer, auf erheblichen Druck des preußischen Landesherrn hin. Das Leuchtfeuerwesen konnte zu diesem Zeitpunkt schon auf eine lange Geschichte zurückblicken. Man braucht gar nicht auf die Antike zu verweisen; ihr gut ausgebautes Netz von Leuchtfeuern, hauptsächlich zur Kennzeichnung von Hafeneinfahrten, und zwar nicht nur von Rhodos und Alexandria, war in den Wirren der Völkerwanderungszeit zusammengebrochen. Der Versuch Karls des Gro-

Oben: Das Leitfeuer „List-West“ von 1852 in winterlicher Dünenlandschaft. Es steht auf dem „Ellenbogen“ auf Sylt und ist mit 55 Grad und 3 Minuten nördlicher Breite der nördlichste Leuchtturm Deutschlands. Die Höhe des Feuers über dem Hochwasserspiegel beträgt 19 Meter. Von 1857 bis 1927 wurde es mit Petroleumglühlicht betrieben.
Rechts: Eine typische meterhohe „Gürtellinse“ eines Leuchtturms. Die oberen ringförmig angeordneten Prismen lenken das von der Lichtquelle dorthin abgestrahlte Licht in die horizontale Richtung und tragen dadurch zur Verstärkung der Leuchtkraft und Vergrößerung der Reichweite des Feuers bei.

Gegenüberliegende Seite: Einer der ältesten Leuchttürme in Deutschland steht nicht an der Nordsee, sondern in Travemünde an der Ostsee. Er wurde 1539 erbaut und ursprünglich mit einem offenen Feuer betrieben. 1974 wurde das Leuchtfeuer ganz oben in das neu errichtete Maritim-Hotel verlegt, weil das Hochhaus den alten Turm verdeckte. Das Licht strahlt jetzt vom wohl welthöchsten „Leuchtturm" aus in einer Höhe von rund 115 Metern.

ßen, wenigstens die Leuchttürme von Boulogne und Dover wieder in Betrieb zu nehmen, scheiterte. Doch ab dem 12. Jahrhundert begann im Mittelmeerraum und in West- und Nordeuropa eine Renaissance des Leuchtfeuerwesens, und zwar im wesentlichen unabhängig voneinander. In Nordwesteuropa lag der Hauptgrund für diese Entwicklung in dem gestiegenen Warenverkehr durch die aufstrebende Hanse. Doch schon früher, im Jahre 1170, entzündeten Augustinermönche auf Hook Point (Grafschaft Waterford, Irland) in einer kleinen Kapelle das erste „moderne" Leuchtfeuer Nordwesteuropas. Andere folgten bald, um 1200 Dover, dann Yarmouth, Rye und Calais. An der flämischen Kanalküste begann die Entwicklung Ende des 13. Jahrhunderts in Nieuwport an der Yser und in Brielle an der Maas. Mitte des 16. Jahrhunderts existierten an den flandrisch-niederländischen Küsten und Inseln bereits ca. 15 Leuchtfeuer.

Noch gegen Ende des 13. Jahrhunderts dringt die neue Technik – unter Umgehung der Deutschen Bucht – in die Ostsee vor: 1306 wird auf Hiddensee ein Feuer entzündet, 1316 wird ein Leuchtturmwärter *(custos lucerne)* für Travemünde erwähnt, das schon 1226 ein Seezeichen zur Bezeichnung der Hafeneinfahrt besessen hatte *(signum portus)*; 1348/49 errichtet Rostock bei Warnemünde einen Feuerturm.

Für die verzögerte Einführung von Leuchtfeuern an den deutschen Nordseeküsten gab es eine ganze Reihe von Gründen. Zum einen bot das Revier völlig andere Verhältnisse als z. B. die Ostsee. Die wichtigste Fahrt, die zwischen Amsterdam und Hamburg, konnte über die Watten führen („binnen duinen"), wo die Fahrrinnen ausgepricktwaren und die Gezeiten über Fortkommen

oder Festliegen entschieden, oder weit außerhalb der friesischen Inselkette („buten duinen“), für die die Reichweite der frühen relativ schwachen Feuer nicht ausreichte. Zum anderen waren die Hoheitsverhältnisse an den Zufahrten zu den wichtigsten Nordseehäfen kompliziert, verglichen etwa mit denen an der Ostseeküste, wo Lübeck, Rostock, Stralsund und Danzig Leuchtfeuer überwiegend auf eigenem Gebiet errichten konnten. Man denke nur an die unendlichen Schwierigkeiten zwischen Bremen und Oldenburg in bezug auf die Wesermündung. Schließlich sei auch nicht vergessen, daß erhebliche wirtschaftliche Interessen gegen die neuen Seezeichen standen: Zum einen fürchteten die Lotsen von Wangerooge und Helgoland um ihre stattlichen Einkünfte, zum anderen mutmaßten die Strandrechtsinhaber, solche Leuchtfeuer könnten die Zahl der auf ihrem Strand schiffbrüchigen Schiffe vermindern und sie reicher Beute berauben. Besonders die Helgoländer taten sich im Kampf gegen das Leuchtfeuer hervor. Trotz dringender Ermahnung und Strafandrohung durch den Landesherrn beließen sie es nicht bei einer Boykotthaltung, sondern griffen den Blüsenmeister Berends tätlich an.

Die meisten dieser trotz aller Widerstände gebauten „Feuerblüsen“ waren hohe Holzkonstruktionen, gekrönt mit einer feuerfesten Plattform, auf der in der Regel ein Holzkohlenfeuer unterhalten wurde. Die Ergebnisse in Hinsicht auf die Reichweite waren nicht zufriedenstellend. Das änderte sich erst im Laufe des 19. Jahrhunderts, als Öle und Gas als Betriebsmittel eingesetzt werden konnten. Heute wird die Mehrzahl der großen Leuchtfeuer elektrisch betrieben. Für eine wesentliche Verstärkung des Lichts in der gewünschten Ebene sorgten ab 1800 Hohlspiegel und eine

Oben: Alt-Helgoland um 1815 mit der Kirche, dem englischen Leuchtturm (von 1810/11 bis 1902 in Betrieb) und der alten Kohlenblüse, die von der Mitte des 17. Jahrhunderts bis zur Fertigstellung des Leuchtturms in Betrieb war.
Rechts: Fresnelsche Linse eines Leuchtturms, gebaut von der Firma Wilhelm Weule (Goslar/Harz) Anfang des 20. Jahrhunderts

Gegenüberliegende Seite: Leuchtturm „Roter Sand“, Wahrzeichen der Außenweser, von 1881 bis 1885 erbaut, inzwischen außer Betrieb und seit 1979 unter Denkmalschutz. Sechs Übernachtungsgäste können hier einen mehrtägigen Urlaub verbringen.

Generation später Fresnel-Linsen, gewaltige Gürtellinsen, die etwa 80 Prozent des abgestrahlten Lichts bündeln können. Neuerdings treten Scheinwerferlinsen und Präzisionssektorfeuer hinzu, um dem Nautiker durch charakteristische Kennungen – Drehlicht, Blitz, Funkeln u. ä. – eine Identifizierung zu ermöglichen.

Heute gibt es an Deutschlands Nordseeküsten mehr als 50 Leuchtfeuer, die der Laie als Leuchttürme anspricht. Viele dieser landschaftsprägenden Bauten stammen aus dem 19. Jahrhundert, als eine neue Epoche im Leuchtfeuerwesen begann. 1804 wurde das Feuer auf dem Leuchtturm in Cuxhaven entzündet, der als Ersatz für die hölzerne Rosbake gebaut worden war; es folgten Türme in der Emsmündung und auf Helgoland, im Jadebusen und 1872/74 endlich mit dem Turm von Norderney ein Feuer auf dem über 80 Kilometer langen Weg nördlich der Ostfriesischen Inseln zwischen Ems und Jade/Weser. Kurz vor der Jahrhundertmitte begann das im Leuchtfeuerwesen fortschrittlichere Dänemark, die bis 1864 dänische Westküste Schleswig-Holsteins zu befeuern, um die Zufahrten zu den Regionalhäfen und den Inseln sicherer zu machen. An diesem Küstenabschnitt steht mit dem 40 Meter hohen, auf einer Warft errichteten Leuchtturm Westerheversand von 1906/08 ein wahrer „Bilderbuch-Leuchtturm“. Die wohl größte Leistung im Leuchtturmbau ist jedoch der Leuchtturm „Roter Sand“, von 1881 bis 1885 mitten im seeschifftiefen Wasser der Außenweser errichtet – eine damals weltweit bestaunte Ingenieurleistung und der Stolz einer ganzen Epoche. Der sich 34 Meter über dem Meeresspiegel erhebende rot-weiße Turm mit seinen drei Erkern und einer schwarzen Kuppel wird heute als herausragendes Baudenkmal erhalten.

Gegenüberliegende Seite: Der zwischen 1906 und 1908 erbaute Leuchtturm Westerheversand steht auf einer sechs Meter hohen Warft und strahlt sein Licht aus über 40 Meter Höhe ab. Er gilt als ein Wahrzeichen des Nationalparks Schleswig-Holsteinisches Wattenmeer und leuchtet 22 Seemeilen weit, bei guter Sicht bis Helgoland. Bis 1978 wurden die beiden Häuser von je einem Leuchtturmwärter bewohnt, anschließend wurde das Feuer auf Automatikbetrieb umgestellt.

Es ist wohl nur noch eine Frage der Zeit, und die meisten der vertrauten Seezeichen werden nicht mehr existieren. Besonders auffällig ist das allmähliche Verschwinden der bemannten Feuerschiffe. Sie werden auf Automatik umgestellt oder ganz und gar aus dem Verkehr gezogen. Neue Systeme treten an ihre Stelle. Schon lange sind Radargeräte in Form von Bordradars eine große Hilfe für die Schiffe. Inzwischen gibt es überregionale Radarketten, die von Land aus gesteuert werden und einen flächenhaften Überblick über die Schiffsbewegungen in einem großen Bereich erlauben. Für die moderne Seefahrt werden zunehmend computergesteuerte geographische Ortsbestimmungssysteme auf elektromagnetischer Basis wichtig, die eine fast punktgenaue Erfassung der Position zulassen, da sie ihre Daten von mehreren Erdsatelliten zugleich erhalten. Zunehmend werden Satellitenbilder eingesetzt, mit deren Hilfe auch Umweltsünder (Ölspuren!) ausfindig gemacht werden können.

Heimatmuseum „Dykhus“
Roeloff-Gerritz-Meyer-Straße
26757 Borkum
Tel. 04922/48 60 oder 28 55
U. a. Funde und Berichte von Schiffsstrandungen

Küstenmuseum Juist
Loogster Pad
26571 Juist
Tel. 04935/14 88 oder 2 13
Fax 04935/12 92
U. a. Schiffahrt, Fischerei, Seezeichenwesen

Schiffahrtsmuseum Nordseeinsel Langeoog
Kurstr. 1
26465 Langeoog
Tel. 04972/69 32 11
Fax 04972/69 31 16
Exponate zur See- und Küstenschiffahrt sowie
Nordsee-Aquarium

Inselmuseum „Alter Leuchtturm“
Zedeliusstraße 3
26486 Wangerooge
Tel. 04469/83 24
U. a. Exponate zur Schiffahrt

Museums-Schiffe
Georg-Breusing-Promenade
26721 Emden

AMRUMBANK, Museumsfeuerschiff
Tel. 04921/2 32 85
AE 7 STADT EMDEN, Heringslogger
Tel. 04921/99 74 41
GEORG BREUSING, Seenotrettungskreuzer
Förderkreis Rettungskreuzer Georg Breusing e. V.
Postfach 1502
26695 Emden
Tel. 04921/2 05 41

Buddelschiff-Museum
Am Hafen Westseite 7
26427 Neuharlingersiel
Tel. 04974/2 24
Buddelschiffe aus dem 19. Jahrhundert sowie maßstabsgetreue Modelle

Deutsches Sielhafen-Museum in Carolinensiel
Pumphusen 3
26409 Wittmund-Carolinensiel
Tel. 04464/4 56
Fax 04464/84 33
Schiffahrtsgeschichte, Schiffbau und Handwerk, Kapitänszimmer, Seemannskneipe, Seemannsmitbringsel, Museumshafen

Übersee-Museum
Bahnhofsplatz 13
28195 Bremen
Tel. 0421/3 61–91 76
Fax 0421/3 61–92 91
U. a. Dokumentationen zur Geschichte der Weser-Häfen, vor allem von Bremerhaven und Bremen

Heimatmuseum Schloß Schönebeck
Im Dorfe 3–5
27757 Bremen
Tel. 0421/62 34 32, Fax 0421/62 34 32
U. a. Schiffahrtsabteilung mit Darstellungen zu Schiffbau, Schiffstypen, Seenotrettung, Walfang, Heringsfang

Deutsches Schiffahrtsmuseum
Hans-Scharoun-Platz 1
27568 Bremerhaven
Tel. 0471/48 20 70
Fax 0471/4 82 07 55
E-Mail: postmaster@deutsches-schiffahrtsmu-
seum.de
http://www.deutsches-schiffahrtsmuseum.de
Exponate zu allen Aspekten der Historischen
Schiffahrt von der Urzeit bis zur Gegenwart

Museumsschiffe:
KOGGE aus dem 14. Jahrhundert
ELBE III (1909), Feuerschiff
GRÖNLAND (1867), erstes deutsches Polarschiff
KRANICH (1958), Torpedoboot
PAUL KOSSEL (1920), Betonboot
RAU XI (1939), Walfänger
SEEFALKE (1924), Bergungsschlepper
SEEHUND (1944), Mini-U-Boot
SEUTE DEERN (1919), hölzerne Dreimastbark
STIER (1954), Schlepper
WSS 10 (1953), Tragflügelboot

Technikmuseum U-Boot WILHELM BAUER
Alter Hafen
27568 Bremerhaven
Tel. 0471/48 22 07–0
U-Boot des Typs XXI aus dem Jahre 1943/44

Historisches Museum Bremerhaven
Morgenstern-Museum
An der Geeste
27570 Bremerhaven
Tel. 0471/2 01 38
Fax 0471/5 90 27 00
U. a. Ausstellungen zu Hochseefischerei, Fischverarbeitung, Fischhandel. Hafenkneipe, Schiffsbauplatz im Original, Dokumentationen zu Schiffbau und Auswanderung

Als Außenstelle:
Museumsschiff FMS GERA
Fischkai
27572 Bremerhaven
Fischdampfer mit kompletter Ausrüstung (Seitentrawler)

Schiffahrtsmuseum der oldenburgischen Weserhäfen e. V.
An der Kaje/Breite Straße 9
26919 Brake
Tel. 04401/43 83 oder 67 91
Fax 04401/52 66
Exponate zur lokalen Schiffahrtsgeschichte und seemännischen Volkskunst. Schiffsausrüstungsladen aus der Zeit der Jahrhundertwende

Wrackmuseum Cuxhaven
Dorfstraße 80
27476 Cuxhaven
Tel. 04721/2 33 41

Wrackteile und Ausrüstungsgegenstände von versunkenen Schiffen, besonders aus den Mündungsgebieten von Ems, Weser und Elbe

Altonaer Museum
Norddeutsches Landesmuseum
Museumstraße 23
Postfach 50 01 25
22765 Hamburg-Altona
Tel. 0 40/42 81 15 14
Fax 0 40/4 28 11 21 43
E-Mail: am@kulturbehoerde.hamburg.de
http://www.hamburg.de/Altonaer-Museum
U. a. Ausstellungen zur Handelsschiffahrt u. Fischerei

Museum für Hamburgische Geschichte
Holstenwall 24
20355 Hamburg
Tel. 0 40/4 28 41 23 60
Fax 0 40/4 28 41 33 92
E-Mail: info@HamburgMuseum.de
Bibliothek@HamburgMuseum.de
U. a. Ausstellungen zur Seefahrt und Seefahrt-Geschichte
Großes Modell der WAPEN VON HAMBURG (1668)

Museumsschiffe Landungs- und Überseebrücke Hamburg

RICKMER RICKMERS (1896), Dreimastbark
St. Pauli Landungsbrücken
Fiete-Schmidt-Anleger Ponton 1A
20359 Hamburg
Tel. 0 40/3 19 59 59

CAP SAN DIEGO, Stückgut-Frachter
Überseebrücke
Tel. 0 40/36 42 09
Fax 0 40/36 25 81

Museumshafen Övelgönne
Ponton Neumühlen
22763 Hamburg
Tel. 0 40/39 73 83

Museumsschiffe:
GRETA (1904), Krabbenkutter
BETTY OF COLCHESTER (1906), Austern-Smak
MÖWE (1907), Besanewer
ROSINANTE (1909), Tjalk
FRIEDA (1909), Giekewer
SS TIGER (1910), Hafenschlepper
SS CLAUS D. (1913), Hafenschlepper
FAHREWOHL (1913), Krabbenkutter
FORTUNA (1914), Tjalk

Dithmarscher Landesmuseum Meldorf
Bütjestraße 2–4
25704 Meldorf
Tel. 04832/72 52
U. a. auch Schiffahrt und Fischerei

Eiderstedter Heimatmuseum Haus Jensen
Olsdorfer Straße 6
25826 St. Peter-Ording
Tel. 04863/12 26
04841/9 30 87–0
Fax 04841/87 93–1 20
U. a. einige Exponate zur Geschichte der Seefahrt

Schiffahrtsmuseum Nordfriesland
Zingel 15
25813 Husum
Tel. 04841/52 57 oder 25 45
Exponate zu Schiffbau, Walfang, Navigation,
nordfriesische Seefahrer

Nordfriesisches Museum Ludwig-Nissen-Haus
Herzog-Adolf-Str. 25
25813 Husum
Tel. 04841/25 45
Fax 04841/6 32 80

Amrumer Windmühle
Bole Bonken Way 4
25946 Nebel/Amrum
Tel. 04681/2 29
U. a. Geschichte des Amrumer Leuchtturms und
etwas zur Schiffahrt

Dr.-Carl-Haeberlin-Friesen-Museum
Rebbelstieg 34
25938 Wyk auf Föhr
Tel. 04681/25 71
Fax 04681/27 71
U. a. Ausstellung zum Walfang und zur Handelsschiffahrt, insbesondere Geschichte der Föhringer Seefahrt (17.–19. Jh.), Modelle, Walfanggeräte, Seefahrtsutensilien

Altfriesisches Haus
Am Kliff 13
25980 Keitum/Sylt
Tel. 04651/3 11 01
Kapitänswohnung aus dem 18. Jh., u. a. etwas Seefahrtszubehör, Museumsweberei

Sylter Heimatmuseum
Am Kliff 19
25980 Keitum/Sylt
Tel. 04651/3 16 69
U. a. Ausstellungsstücke zur Seefahrt des 17. und 18. Jh., insbesondere Ausstellungsstücke mit Bezug zum Walfang

Literatur

Bents, H.: Störtebecker – Dichtung und Wahrheit. Norden, 1995

Delfs, E.: Feuer an deutschen Küsten. Ein Reiseführer zu den Leuchttürmen an Nord- und Ostsee. Hamburg, 1993

Ellis, R.: Seeungeheuer – Mythen, Fabeln, Fakten. Boston, Berlin, 1997

Gesner, C.: Historia Animalium. Zürich, 1551–87

Hagedorn, B.: Ostfrieslands Handel und Schiffahrt im 16. Jahrhundert. In: Abhandlungen zur Verkehrs- und Seegeschichte, Bd. 3. Berlin, 1910

Karting, H.: Vom Segel zum Motor, Bd. I und II. Bremen, 1993

König, R.: Fabeltiere. Kiel, 1985

Lang, A. W.: Entwicklung, Aufbau und Verwaltung des Seezeichenwesens an der deutschen Nordseeküste bis zur Mitte des 19. Jahrhunderts. Bonn, 1965

Lange, P. W.: Seeungeheuer. Leipzig, 1979

Müllenhoff, K.: Sagen, Märchen und Lieder. Kiel, 1845

Neukirchen, H.: Seefahrt im Wandel der Jahrtausende. Berlin, 1985

Oesau, W.: Schleswig-Holsteins Grönlandfahrt auf Walfischfang und Robbenschlag. Glückstadt, Hamburg, New York, 1937

Pule, M.: Die Vitalienbrüder. Frankfurt/Main, 1992

Schnall, U.: Leuchttürme an deutsche Küsten. Hamburg, 1999

Wasser- und Schiffahrtsdirektion Nord (Hrsg.): Das Verkehrssicherungssystem Elbe. Regensburg, 1994

Wiechers, K.-H.: … und fuhren weit übers Meer. Zur Geschichte der ostfriesischen Segelschiffahrt, Bd. I, II u. III. Norden 1984, 1988 und 1994

Zemke, F.-K.: Deutsche Leuchttürme einst und jetzt. Herford, 2000

Herausgeber/Autoren/Impressum

Die Herausgeber

Jürgen Newig, geb. 1941, ist Professor für Geographie und ihre Didaktik an der Universität Kiel. Seine Schwerpunkte liegen bei der Küsten- und Meeresgeographie, der Erforschung des Fremdenverkehrs und der historischen Kartographie. Er ist Autor und Mitherausgeber fach- und populärwissenschaftlicher Veröffentlichungen zu Küsten- und Seebäderthemen.

Hans Theede, Professor Dr., Universität Kiel, geb. 1934. Sein Arbeitsgebiet ist die Meereszoologie, wobei die ökologischen Beziehungen und physiologischen Anpassungsprozesse der Meeresorganismen im Vordergrund stehen. In zahlreichen fach- und populärwissenschaftlichen Aufsätzen für Zeitschriften und Buchpublikationen beschäftigte er sich auch mit Problemen der Meeresverschmutzung. Ehrendoktor der Landwirtschaftlichen Universität in Stettin.

Die Autoren

Harm Bents, geb. 1940, Dipl.-Verwaltungswirt (FH), wurde als Vize-Gemeindedirektor von Marienhafe (dem ehemaligen „Asylort“ der Seeräuber) mit dem Thema „Störtebeker und die Vitalienbrüder“ konfrontiert. Er faßte seine Nachforschungen in dem Buch „Störtebeker – Dichtung und Wahrheit“ zusammen und organisiert seit 1996 die Störtebeker-Freilichtspiele unter dem Störtebekerturm.

Detlev Ellmers, Prof., Dr., geb. 1938, war ab 1963 Assistent am Institut für Ur- und Frühgeschichte an der Universität Kiel und ab 1966 am Röm.-Germ. Zentralmuseum in Mainz. Seit 1971 ist er geschäftsführender Direktor des Deutschen Schiffahrtsmuseums in Bremerhaven. An der dortigen Hochschule lehrt er Transportgeschichte und hat zahlreiche Beiträge vor allem zur Schiffsarchäologie verfaßt.

Hans-Peter Heesch, geb. 1940 in Hamburg, nach dem Realschulabschluß (1957) Ausbildungsseefahrtszeiten und Besuch der Seefahrtsschule Hamburg zum Erwerb des Befähigungszeugnisses zum Kapitän auf Großer Fahrt – Patent AG – (1966). Danach Einsatz als nautischer Schiffsoffizier und Kapitän auf verschiedenen Schiffen unterschiedlicher Reedereien. Seit 1986 tätig als erster nautischer Sachbearbeiter in der Wasser- und Schiffahrtsdirektion Nord in Kiel.

Uwe Schnall, geb. 1941 in Bielefeld. Nach dem Studium der Skandinavistik, Germanistik und Philosophie in Hamburg, Oslo und Göttingen erfolgte die Promotion; Forschungstätigkeit für die Akademie der Wissenschaften und die Universität in Göttingen. Seit 1974 am Deutschen Schiffahrtsmuseum in Bremerhaven, heute ist er Leiter der Abteilung Navigation und der wissenschaftlichen Redaktion sowie Herausgeber der Schriftenreihe des Deutschen Schiffahrtmuseums und des Deutschen Schiffahrtsarchivs. Von ihm erschienen zahlreiche Aufsätze und Bücher zur Navigations- und Walfanggeschichte, zum Schiffbau im Mittelalter und zu Schriftquellen der allgemeinen Schiffahrtsgeschichte

Karl-Heinz Wiechers, geb. 1928 in Dornumersiel (Ostfriesland). Nach dem Abitur 1947 am Ulricianum in Norden Studium der Pädagogik, der Deutschen Philologie und Musik in Göttingen und Hamburg. Ab 1959 Gymnasiallehramt in Hamburg, von 1969 bis 1990 Leiter des Hamburger Goethe-Gymnasiums. Ab 1973 intensives Studium der Schiffahrtsgeschichte. Von 1979 an Veröffentlichungen mehrerer umfangreicher Bücher und zahlreicher Aufsätze zur Schiffahrtsgeschichte und Landeskunde.

Impressum

Die Deutsche Bibliothek – CIP-Einheitsaufnahme

Von Seeräubern, Seefahrt und Schiffswracks / Hrsg.: Hans Newig ; Jürgen Theede – Hamburg : Ellert und Richter, 2000
ISBN 3-89234-948-7

Gestaltung: Büro Brückner + Partner, Bremen
Lithographie: ORC Offset-Repro im Centrum, Hamburg
Satz: KCS GmbH, Buchholz/Hamburg
Druck: Wiesbadener Graphische Betriebe GmbH, Wiesbaden
Bindung: S. R. Büge, Celle

Bildnachweis

Titelabbildung: Gemälde aus der Zeit der Heringsfischerei im 15./16. Jahrhundert bei Helgoland (Ausschnitt)
Titelfoto: Georg Quedens, Norddorf/Amrum
Altfriesisches Haus, Keitum/Sylt: S. 115 o.
Harm Bents, Marienhafe: S. 47 o. (Ölbild von G. H. Janssen), 47 u., 53 (Tuschezeichnung von Karin Bents), 55
Buddelschiff-Museum, Neuharlingersiel: S. 106 o.
Deutsches Museum, München: S. 85
Deutsches Schiffahrtsmuseum, Bremerhaven (Fotograf: Egbert Laska): S. 31, 36, 43
Deutsches Schiffahrtsmuseum, Bremerhaven: S. 39 u.
Deutsches Sielhafen Museum in Carolinensiel: S. 106 u.
Dr.-Carl-Häberlin-Friesen-Museum, Wyk/Föhr: S. 114 o.
Detlev Ellmers, Bremerhaven: S. 32 (Zeichnung nach G. Pieper, Göttingen), 34 (4), 39 o.
Heimatmuseum „Dykhus" (Fotograf: Schiffner, Borkum): S. 104 o.
Heimatmuseum Schloß Schönebeck/Heimat- und Museumsverein, Bremen: S. 107 u.
Historisches Museum Bremerhaven/Morgenstern-Museum: Ottmar Heinze, Hamburg: S. 109
Inselmuseum „Alter Leuchtturm", Wangerooge (Foto: Archiv Kurverwaltung): S.105
Küstenmuseum Juist: S. 104 u.
Jürgen Newig, Flintbek: S. 88, 95 o.
Reinhard Scheiblich, Hamburg: S. 7, 8, 19, 33, 37, 72/73, 75, 77, 79, 83, 90 o., 90 u., 93, 95 u., 97, 99 o., 99 u., 101
Schiffahrtsmuseum der oldenburgischen Weserhäfen e. V., Brake: S. 110
Schiffahrtsmuseum Nordfriesland in Husum e. V. (Foto: Museumsverband Schleswig-Holstein): S. 113
Sylter Heimatmuseum, Keitum/Sylt: S. 115 u.
The Danish Tourist Board, Kopenhagen (Fotograf: Lars Crone): S. 69
Hans Theede, Flintbek: S. 59, 62 o., 62 u., 66, 67 o., 67 u. (alle nach Conrad Gesner, 16. Jahrhundert)
Übersee-Museum, Bremen: S. 107 o.
Karl-Heinz Wiechers, Dornumersiel: S. 10 (Foto: J. von Wackerode), 15 o. (Öl, o. Sign., J. Porcellis zugeschrieben, Repro: Wiechers), 15 u. (Repro: Wrede), 21, 24 (Repro (Wrede), 26 (Repro: Wiechers), 27 o., 27 u.
Wrackmuseum Cuxhaven: S. 110